강제징용, 위안부 문제를
바라보는 새로운 시각

일본에
답하다

신우정 지음

박영사

머 리 말

여전히 한일 양국이 강제징용·위안부 문제에 대하여 첨예하게 대립하고 있는 상황임에도, 정작 대부분의 우리나라 국민들은 구체적으로 어떤 문제들이 다투어지고 있는지 제대로 알지 못하고 있는 듯하다. 관심 자체가 없는 측면도 있을 것이나, 강제징용·위안부 문제를 둘러싼 쟁점이 국가면제(State Immunity, 어떤 나라가 다른 나라 법원의 재판권 대상에서 면제된다는 국제법 법리)와 같이 생소한 국제법 개념들과 연결되어 있는 것도 한몫을 하고 있는 것처럼 보인다.

위와 같은 문제 의식과 배경 아래 만들어진 이 책은, 법률가들뿐만 아니라 일반인들도 강제징용·위안부 문제를 이해할 수 있게 하는 데 중점을 두었다. 즉 일반인의 눈높이에서 관련 국제법 개념들을 알기 쉽게 설명하고, 1965년 청구권협정이나 2015년 위안부합의 등을 포함하여 강제징용·위안부 문제를 이해하는 데 필수적인 내용들을 소개하는 것을 주된 방향으로 잡았다. 그리고 그와 같은 과정을 통해 강제징용·위안부 문제에 대한 일본의 현재 입장에 대하여 우리가 취할 수 있는 대응논리를 제시하는 것을 집필의 종착점으로 삼았다. 책 제목을 '일본에 답하다'라고 한 것은 이 때문이다.

강제징용 피해자들이 일본 기업의 우리나라 내 재산에 대한 강제집행 절차를 진행하고 있는 초유의 상황에서, 이 책을 통해 강제징용·위안부 문제에 대하여 우리가 어떻게 대응해야 하는가에 관한 필자의 생각을 공유하고 싶다.

2022. 5.

신 우 정

차 례

약 어 표

ICTY	구(舊) 유고 국제형사재판소(International Criminal Tribunal for the former Yugoslavia)
ICJ	국제사법재판소(International Court of Justice)
ILC	UN 국제법위원회(International Law Commission)
SCSL	시에라리온 특별재판소(Special Court for Sierra Leone)
ICTR	르완다 국제형사재판소 (International Criminal Tribunal for Rwanda)
ICC	국제형사재판소(International Criminal Court)
UDHR	세계인권선언(Universal Declaration of Human Rights)
ICCPR	시민적 및 정치적 권리에 관한 국제규약 (International Covenant on Civil and Political Rights)
IACtHR	미주인권재판소(Inter-American Court of Human Rights)
ECtHR	유럽인권재판소(European Court of Human Rights)

제1장

들어가며

제 1 장
들어가며

제1절 목적과 방향

강제징용 문제와 위안부 문제는 일제 강점기 당시 노예노동·성 노예노동을 당했던 우리 국민들에 관한 문제이다.

절대 다수의 우리 국민들은 그러한 피해가 실제로 있었다고 알고 있다. 이는 우리가 지금까지 배워오고 굳게 믿어왔던 역사와도 일치한다. 나아가 우리 헌법은 일제에 항거한 3·1 운동의 법통을 계승한다고 명시함으로써, 대한민국이 그러한 역사 인식을 바탕으로 세워졌음을 확인하고 있다.

한편 잘 알려져 있다시피, 일본은 물론 우리나라 일각에서조차 강제징용·위안부 피해가 아예 존재하지 않았다는 주장이 여전히 펼쳐지고 있다. 자발적 노동제공·매춘이었을 뿐 노예노동·성 노예라는 개념 자체가 성립할 수 없다는 취지이다. 이에 따르면, 당시 우리 국민은 일본에 동조하여 자신들을 일본인과 일치시켰고, 일본의 전쟁 승리와 개인의 이익을 위해 자발적으로 몸바쳐 일했다는 결론에 이르게 된다.

이 책은 위와 같은 주장의 타당성 여부까지 집필 대상으로 삼지는 않았다. 다만, 이 책은 강제징용·위안부의 본질이 노예노동·성 노예의 불법행위 피해이고, 그러한 피해가 실제로 있었다는 것을 추호도 의심하지 않는 데에서 출발한다. 나아가 그 피해가 바로 국제법상 최상위 규범인 강행규범(*Jus Cogens*) 위반의 피해에 해당함을 핵심 전제로 한다. 필자는 이를 바탕으로 강제징용·위안부 피해자들의 청구권이 여전히 살아있을 뿐만 아니라, 위안부 피해자들이 일본 정부를 상대로 우리나라 법원에서도 재판상 청구를 할 수 있음을 피력하였다.

　위와 같이 이 책의 목적과 방향은 일본의 현재 주장에 답하는 것이다. 즉, 일본은 현재 "(1) 1965년 양국이 체결한 청구권협정은 부제소(不提訴) 합의 — 재판을 하지 않기로 하는 합의 — 유형의 일괄타결협정으로서 이 협정을 통해 모든 청구권의 재판상 행사는 금지되었다, (2) 더욱이 위안부 문제와 관련해서는 양국 사이에 체결된 조약 성격의 2015년 위안부합의를 통해 다시 한 번 최종적으로 해결되었다, (3) 위안부 소송에서는 국가면제 법리 — 국가가 다른 국가 법원에서 재판 대상이 될 수 없다는 법리 — 가 적용되어야 하므로, 일본 정부는 우리나라 법원에서 피고가 될 수 없다"고 주장하고 있는데, 일본의 위와 같은 현재 주장에 대하여 우리가 취할 수 있는 대응논리를 강행규범의 관점에서 제시하는 것이다.

　한편, 이 책이 목표로 삼은 독자는 국제법 학자들이나 법률가들뿐만 아니라 일반인들도 포함한다. 따라서 학술논문의 형식에서 벗어나 각주를 최소화한 저널 또는 에세이 형태로 만들고자 하였다. 즉, 이 책을 통해 국제법 학자들이나 법률가들뿐만 아니라 일반인들도 강제징용·위안부 문제를 둘러싼 내용들을 흥미를 갖고 접근하게 하는 것을 주된 방향으로 잡았다.

제2절 책의 구성

위와 같은 목적과 방향을 갖는 이 책은, 구체적으로 다음과 같이 구성하였다.

먼저 제2장에서는, 강제징용·위안부 문제를 이해하는 데 필수적인 것들을 우선적으로 정리하였다. 즉, 1965년 청구권협정, 2015년 위안부합의, 강제징용·위안부 소송의 골자와 그와 관련한 우리나라 대법원, 헌법재판소의 입장 등을 요약하여 설명하였고, 아울러 일본의 입장을 보다 구체적으로 정리하였다. 강제징용·위안부 문제를 둘러싼 양국 대립의 핵심이 무엇인지 아는 데 유용하리라 기대한다.

다음으로 제3장에서는, 앞서 밝힌 바와 같이 강제징용·위안부 문제에 대한 대응논리를 펼치기 위하여 필자가 이 책을 관통하여 활용한 강행규범 개념을 이 책의 목적과 방향 범위 내에서 설명하였다.

다음으로 제4장, 제5장은 일본의 현재 주장에 대한 대응논리를 구체적으로 밝히는 데 할애하였다. 제4장에서는 청구권협정, 위안부합의와 관련한 일본의 주장, 즉 부제소 합의 유형의 일괄타결협정이라는 주장에 대한 대응논리를 제시하였다. 그리고 제5장에서는 위안부 소송에서 일본이 피고가 될 수 없다는 주장, 즉 국가면제 법리가 적용되어야 한다는 주장에 대한 대응논리를 제시하였다.

대응논리가 적절히 갖추어진다면 우리는 자존심과 정체성을 잃지 않고 일본에 이성적으로 답할 수 있다. 나아가 그럼으로써 강제집행 등 강제징용·위안부 문제와 관련한 앞으로의 상황에

다각도로 대비할 수 있다. 이 책의 의미와 가치를 그곳에 두고
싶다.

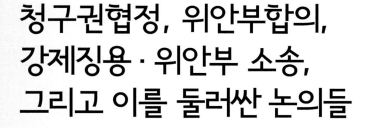

청구권협정, 위안부합의,
강제징용 · 위안부 소송,
그리고 이를 둘러싼 논의들

제 2 장

청구권협정, 위안부합의, 강제징용 · 위안부 소송, 그리고 이를 둘러싼 논의들

제1절 일괄타결협정의 유형과 일본의 주장

앞서 간단히 언급한 '일괄타결협정'은 표현 그대로 '일괄타결'을 핵심으로 한다. 주로 전후 배상의 방법으로 '가해국 v. 피해자들의 국적국' 사이에 이루어지는 '조약'의 한 유형이다.

여기서 이해를 돕기 위해 조약이 무엇인지 설명한다면, "국제법상 권리, 의무를 부여하는 국가들 사이의 합의"이다. 즉, 모든 국가들 사이의 합의가 조약은 아니고, 반드시 법적 효력을 의도한 것이어야 조약이 된다. 예를 들어 국가들 간 정치적 합의는 조약이 아님을 기억할 필요가 있다.

위와 같이 조약의 일종인 일괄타결협정은, 해당 협정 아래 가해국이 피해자들의 국적국에 확정 금액을 지급하고, 이로써 피해자들이 가해국 측을 상대로 갖는 '모든 청구권'을 피해자들의 '동의도 없이' 소멸시키거나 더 이상 행사할 수 없게끔 한다. 즉, "가해국, 피해자들 국적국 사이에 돈 주고받기 + 피해자들의 청구권은 그들 동의도 없이 소멸시키거나 재판상 행사 못 하게 하

10   일본에 답하다

기"를 본질로 한다.

위 문구들 중 '소멸시키거나 재판상 행사 못 하게 하기'에 대해 조금 더 구체적으로 설명한다. 이와 관련, 현재까지 체결되고 있는 일괄타결협정의 유형은 ① '개인의 모든 청구권을 포기(waive)한다'는 문구가 들어가 있는 유형(포기 유형), ② '포기' 문구 없이 모든 청구권의 재판상 행사만을 금지한 것으로 해석되는 유형(부제소 합의 유형)으로 나눌 수 있다.

일괄타결협정의 대부분을 차지하는 ① 유형으로는 일본과 인도네시아 사이에 1958. 1. 20. 체결된 평화조약을 예로 들 수 있다. 해당 조약은 "인도네시아는 인도네시아와 그 국민이 일본의 전쟁 수행 과정에서 입은 피해에 관한 모든 청구권을 포기한다"고 규정한다. ① 유형의 특징은, '포기'이기에 그로써 청구권 자체가 소멸한다는 것이다.

② 유형은 그 예를 찾기 어려우나, 2008년 리비아와 이탈리아 사이에 체결된 '우호, 파트너십 및 협력에 관한 조약'을 들 수 있다. 해당 조약에서는 '과거의 장(章) 및 분쟁의 최종적 종료'라는 문구가 기재되어 있을 뿐 양국 및 양 국민 간 청구권 등을 상호 포기한다는 명문의 규정은 없다. ② 유형의 특징은, 부제소 합의에 머물기 때문에 '청구권 자체는 살아 있으나 재판상 행사만 금지된다'는 것이다(청구권 자체는 살아 있으나 재판상 행사만 금지된다는 의미가 과연 무엇인지 의문을 가질 독자들이 있을 것으로 보인다. 상대방이 자발적으로 이행하는 것은 상관 없으나 부제소 합의로 인해 청구권자가 이를 강제할 수는 없다는 의미를 갖는다. 즉, 엄연히 청구권이 존재하므로 상대방은 이를 이행할 의무가 있으나, 재판을 통해 그러한 이행을 강제할 수는 없다는 뜻이다. 법률가들에게는 친숙한 '자연채권', '자연채무'를 떠올리면 이해가 쉬울 것이다).

위와 같은 두 유형을 염두에 두고 청구권협정을 바라본다면, 청구권협정은 일본의 현재 주장에 의할 때 바로 ② 유형에 해당한다.

현재 청구권협정과 관련한 일본 주장의 핵심은, '강제징용·위안부 피해 자체를 인정할 수 없으나, 설령 인정된다 하더라도 청구권협정으로 인해 모든 청구권에 관한 재판상 행사가 금지되었기 때문에 징용·위안부청구권의 재판상 행사는 허용될 수 없다'는 입장으로 요약할 수 있다.

위와 같이 권리 자체의 소멸이 아닌 재판상 행사만이 불가능하다는 취지인 점에서, 일본 주장에 의할 때 청구권협정은 바로 ② 유형인 부제소 합의 유형의 일괄타결협정으로 분류된다.

한편 위안부합의의 경우 일본의 주장에 의하더라도 "위안부 문제만의 일괄타결"이라는 점에서 '모든 청구권'을 대상으로 하는 통상의 일괄타결협정 형태는 아니다. 즉, ①, ② 유형 어디에도 딱 들어맞는 협정은 아니다.

그러나, 일본의 현재 주장 취지를 보면 ② 유형 형태의 협정을 주장하고 있음을 알 수 있다. 즉, 위안부청구권의 성립 자체는 여전히 부인하는 취지이나, '위안부 문제를 둘러싼 모든 청구권에 관한 부제소 합의 유형의 일괄타결 합의'를 주장하고 있는 것으로 해석된다. 따라서 이 책에서는 위안부합의에 관한 일본의 주장을 "위안부 문제에 관한 부제소 합의 유형의 일괄타결협정"으로 분류한다.

요컨대, 일본의 현재 입장은 "(1) 청구권협정을 통해 모든 청구권이 이미 부제소 합의 형태로 일괄타결되었고, (2) 위안부와 관련한 청구권에 대해서는 위안부합의를 통해 다시 한 번 부제소 합의 형태로 일괄타결을 했다"는 취지로 정리할 수 있다. 즉, 둘 다 '부제소 합의 유형의 일괄타결협정'이라는 것이 일본 주장의 핵심이다.

제2절 청구권협정, 위안부합의

그렇다면, 청구권협정, 위안부합의에 대한 우리나라의 입장은 무엇인가? 자연스럽게 의문이 생길 것이다. 더욱이 정확히 알려져 있지 않은 내용들일 뿐만 아니라 일부 언론 등의 잘못된 소개와 설명도 발견할 수 있는 부분이다.

아래에서는 청구권협정, 위안부합의를 둘러싼 우리나라 대법원, 헌법재판소의 입장 등을 정리하였다.

1. 청구권협정

가. 협정의 내용

1951년 말경부터 시작된 한일 양국의 국교정상화 및 전후 보상문제 논의는 마침내 1965. 6. 22. "국교정상화를 위한 대한민국과 일본국 간의 기본관계에 관한 조약"으로 결실을 맺었고, 같은 날 그 부속협정의 하나로 청구권협정이 체결되었다.

청구권협정의 골자는 우리가 일본으로부터 무상 3억 불, 유상 2억 불을 제공받는 조건으로 양국 간, 양국 국민 간 재산, 권리, 청구권을 최종적으로 해결된 것으로 하고(제2조 제1항), 모든 청구권에 대해 더 이상 주장할 수 없게 한 것이다(제2조 제3항).

다. 제2조
1. 양 체약국은 양 체약국 및 그 국민(법인을 포함함)의 재산, 권리 및 이익과 양 체약국 및 그 국민 간의 청구권에 관한 문제가 …… 완전히 그리고 최종적으로 해결된 것이 된다는 것을 확인한다.

> 3. …… 일방체약국 및 그 국민의 타방체약국 및 그 국민에 대한 모든 청구권으로서 동일자 이전에 발생한 사유에 기인하는 것에 관하여는 어떠한 주장도 할 수 없는 것으로 한다.

나. 협정 대상에 징용청구권·위안부청구권이 포함되었는지 여부

여기서 징용청구권은 '강제징용 피해자들이 일본 측에 갖는 회복청구권'을, 위안부청구권은 '위안부 피해자들이 일본 측에 갖는 회복청구권'을 각 나타내기 위해 이 책에서 쓴 용어이다. 즉, 이 책에서 사용하는 '징용청구권, 위안부청구권'은 강제징용·위안부 피해자들이 가해자인 일본 측을 상대로 갖는 회복청구권으로서, 노예노동, 성 노예와 같은 불법행위가 있었음을 바탕으로 한다.

이와 관련, 지금까지도 우리나라 국제법 학계에서 쟁점이 되고 있는 것은 징용·위안부청구권이 청구권협정의 '모든 청구권'의 대상에 포함되는지 여부이다.

우리나라 국제법 학자들 중 징용·위안부청구권 자체를 인정할 수 없다는 일본의 입장에 동조하는 학자들을 발견할 수는 없으나(예를 들어, 일본의 주장과 동일한 내용을 담은 "반일 종족주의"를 쓴 이영훈 교수 등은 국제법 학자는 아니다), 두 청구권이 청구권협정의 대상인지 여부에 관해서는 여전히 견해가 갈리고 있음을 확인할 수 있다.

그리고 위와 같은 국내 국제법 학계의 견해 대립은 징용청구권에 관한 2018년 대법원 판단에 그대로 반영되어 있다. 즉, 다수의견은 포함되지 않았다는 입장을, 소수의견은 모두 포함되어 있다는 입장을 취했다. 그리고 위 대법원의 판단은 위안부청구권에도 그대로 적용될 것이다.

제1장에서 밝혔듯이 이 책은 집필의 목적이나 전개상 두 청구권의 존재 자체를 부인하는 일본 주장이나 이에 동조하는 우리나라 일부 학자들의 견해에 대한 분석은 별도로 하지 않는다. 대신 위와 같이 '두 청구권이 협정 대상에 포함되었는지 여부'에 관한 대법원의 판단 및 국내 학계의 입장을 소개하였다. 한편, 청구권협정에 대해서는 일본의 입장이 현재와 과거가 다름을 확인할 수 있기에 이 부분도 함께 설명하였다.

1) 대법원의 판단

가) 다수의견

2018. 10. 30. 선고된 2013다61381 전원합의체 판결의 다수의견은 "징용청구권과 같이 일본의 국가권력이 관여한 반인도적 불법행위나 식민지배와 직결된 불법행위로 인한 손해배상청구권은 청구권협정의 적용대상에 포함되지 않았다"는 취지로 판결하였다.

그렇게 본 핵심 근거는 "청구권협정의 체결 과정 등에 비추어 볼 때 청구권협정은 일본의 불법 식민지배에 대한 배상을 청구하기 위한 협상이 아니라, 기본적으로 한일 양국 간의 재정적·민사적 채권·채무 관계를 해결하기 위한 것"이라는 판단이다.

좀 더 자세히 보면, ① 청구권협정 어디에도 일본 식민지배의 불법성을 언급하는 내용은 없는 점, ② 청구권협정의 협상과정에서 일본 정부는 식민지배의 불법성을 인정하지 않은 채 강제징용 피해의 법적 배상을 원천적으로 부인하였고, 이에 따라 한일 양국의 정부는 일제의 한반도 지배의 성격에 관하여 합의에 이르지 못한 점을 강조하고 있다.

이를 바탕으로, 대법원 다수의견은 청구권협정의 대상이 아닌 징용청구권은 여전히 실체적으로나 재판상 모두 살아있는 유효한 청구권이라는 결론을 내렸다. 그리고 이 결론은 앞서 언급한 바와 같이 위안부청구권에 그대로 적용될 것이다. 요약하면, '두 청구권 모두 협정의 대상이 아니기에 협정의 적용을 받지 않는다'는 것이다.

나) 소수의견

이에 대하여 소수의견은 징용청구권은 협정의 대상에 포함되었다는 입장을 취했다. 가장 큰 근거는 협정의 문언이다. 청구권협정 제2조에 '모든 청구권', '최종적 해결', '어떤 주장도 할 수 없는 것으로 한다'와 같은 명시적 용어들이 사용된 것에서 알 수 있는 바와 같이 청구권협정은 일괄타결협정이므로, 징용청구권도 청구권협정의 대상이라는 것이다.

나아가 그러한 결론에 이르는 과정에서 청구권협정의 성격도 다수의견과 다른 각도에서 해석하였다. 적어도 당시 우리나라는 징용청구권까지 모두 포함하는 의사였다는 취지이다.

소수의견은 위와 같은 판단을 전제로, '징용청구권 자체는 살아있으나, 피해자 개인들이 가해자 측을 상대로 재판상 행사를 할 수는 없다'는 결론을 내렸다. '최종적 해결', '어떠한 주장도 할 수 없다'는 문언의 의미를 소권(訴權) 소멸의 약속, 즉 '부제소 합의'로 해석한 것이다. 소수의견의 위 판단은 위안부청구권에도 역시 그대로 적용될 것이다.

2) 국내 국제법 학자들의 태도

현재 우리나라 학계에서는 (1) 다수의견과 같은 입장을 취하는 학자들, (2) 소수의견과 같은 입장을 취하는 학자들이 대립하고 있고, 그 논거 또한 다수의견, 소수의견의 각 논리와 사실상 동일하다.

즉, 대법원 다수의견과 동일한 입장을 취하는 학자들은 '불법 식민지배와 직결된 청구권은 당시 체결 과정 등에 비추어 협정 대상에 포함되지 않았다'는 것을 핵심으로 한다. 반면 소수의견과 동일한 입장을 취하는 학자들은 청구권협정이 일괄타결협정임을 핵심으로 한다.

한편 참고할 것은, 위 학계의 대립은 위 2018년 대법원 전원합의체 판결은 물론 그 모태가 된 2012년 대법원 판결 이전부터 이미 존재해왔던 대립이라는 점이다. 이 지점에서 혹시 모를 독자들을 위해 2012년 판결과 2018년 판결의 관계에 대하여 간단히 설명한다면 다음과 같다.

2012년 대법원은 강제징용 피해자들이 신일본제철 등 전범기업을 피고로 한 소송들과 관련하여, 2018년 대법원 다수의견과 동일한 논리, 즉 징용청구권이 청구권협정의 적용대상이 아니어서 재판상 청구가 가능하다는 이유로 그와 반대 결론을 취한 원심 판결들을 파기하고 사건을 고등법원으로 돌려보냈다.

돌려받은 고등법원 재판부들이 위 대법원 취지대로 징용청구권의 재판상 행사를 인정하는 판결을 하자, 피고 측인 일본 기업들이 다시 대법원에 상고하였고, 그 상고심 판결들 중 가장 먼저 나온 것이 바로 신일본제철을 피고로 한 위 2018년 전원합의체 판결이다.

위와 같이 학계의 대립이 이미 2012년 당시부터 있었다는 사실은, 2018년 전원합의체 판결의 논리가 대법원이 독자적으로 만들어낸 것이 아니라, 2012년 판결 당시부터 존재했던 당시 학계의 대립을 반영한 결과물임을 알 수 있게 한다.

3) 청구권협정과 관련한 일본의 주장 변화

정리한 바와 같이 일본의 현재 입장은 "두 청구권 자체를 부정하나, 두 청구권의 존재 여부와 관계없이 어떠한 재판상 청구도 허용될 수 없다"는 것이다. 청구권협정이 부제소 합의 유형의 일괄타결협정임을 핵심으로 한다.

앞서 정리한 소수의견이나 이와 동일한 입장을 취하는 국내 학설들과의 차이점은 '두 청구권의 존재 자체를 부정한다'는 점이다. 한편 공통점은 '청구권협정을 일괄타결협정으로 보고 있는 점'과 '청구권 자체는 살아있으나 부제소 합의가 이루어졌다고 보는 점'이다.

여기서 기억되어야 할 부분은, 일본 스스로도 현재 청구권협정의 대상인 '모든 청구권'이 소멸하여 아예 사라졌다고 주장하는 것은 아니라는 사실이다. 반복한다면, 청구권 자체는 살아있으나 청구권협정상 부제소 합의로 인하여 재판상 행사만 할 수 없게 되었다는 취지이다.

그런데, 일본이 청구권협정 체결 직후부터 일관하여 위와 같은 입장을 취하고 있던 것은 아니었다. 일본의 입장은 2000년대 초를 기준으로 바뀌게 되는데, 1990년대까지 취했던 입장은 '청구권협정으로 인해 양 국민 개인의 청구권이 소멸된 것은 아니고,

오로지 한일 양국 사이의 외교적 보호권만 소멸되었다'는 것이었다.

외교적 보호권이란 국제법 용어는, 예를 들어 A국 국민 甲이 B국 또는 B국 국민 乙로부터 피해를 입은 경우, A국이 B국을 상대로 그 회복을 요구할 수 있는 권리를 의미한다. 요구하는 형태에서 알 수 있듯이 '국가 v. 국가'로 하는 것이 외교적 보호권의 핵심이다. 즉, 일본의 당시 주장은 "청구권협정을 통해 한일 양국이 상호 외교적 보호권을 행사할 수 없게 된 것일 뿐 한일 국민들의 청구권은 영향받지 않는다"는 것이었다.

일본이 왜 과거에 위와 같은 입장을 취했을까에 관한 여러 해석이 존재하나, 그 이유가 무엇이든 일본 스스로 한때 '청구권협정으로 인해 개인의 청구권이 소멸되지 않았음은 물론 재판상으로도 행사할 수 있다'고 해석했던 사실은 흥미롭다. 지금의 입장과 정면으로 배치되기 때문이다. 일본 스스로도 '각 국민 개인이 직접 재판 청구를 하는 것을 막을 수는 없다'는 입장을 취했던 것이다.

그런데 일본의 위와 같은 태도는 2000년 부산 종군위안부 관련 준비서면에서 '…… 한국국민에게는 애당초 이러한 클레임을 제기할 수 있는 지위는 없기 때문에 한국국민이 이것을 청구해도 우리나라는 이것을 인정할 법적 의무는 없는 것이다'고 주장한 것을 시작으로 바뀌었다. 즉, '양 국민 개인의 청구권도 재판상 행사는 불가능하다'는 입장으로 변하여 현재까지 이어져 오고 있다. 청구권협정 제2조가 양국 간 부제소 합의임을 전제로 '모든 개인 청구권'의 재판 금지를 주장하고 있는 것이다.

2. 위안부합의

위안부합의는, 2015. 12. 28. 당시 우리나라 외교부장관 윤병세와 일본 외무대신 기시다 후미오 사이에 체결된 구두 합의다. 무언가 문서로 남긴 게 있는가라는 의문을 가질 독자들이 있을 것이나, 말로만 한 합의이기에 공식적인 문서로는 남아 있는 게 없다는 특징이 있다.

합의의 골자는 잘 알려져 있다시피 "위안부 문제가 최종적 및 불가역적으로 해결된 것임을 확인한다"와, "일본 정부의 자금으로 위안부 피해자들을 위한 피해 재단을 설립한다"는 것이다. 실제로 위안부합의 후 일본 측의 출연으로 10억 엔의 피해재단이 설립되었음은 주지의 사실이다.

현재 우리나라도 위와 같은 내용의 합의가 이루어진 자체에 대해서는 다투지 않는 것으로 파악된다. 그러나 위안부합의의 성격에 대해서는 의견이 분분함을 알 수 있다. '위안부 문제에 대한 일괄타결 성격의 조약'이라고 주장하는 일본의 분명한 태도와는 구별된다.

먼저 위안부합의를 일본과 마찬가지로 조약으로 보는 입장을 발견할 수 있다. 다만, 조약으로 보는 견해들이 위안부합의를 통해 위안부 문제에 대한 한일 양국의 외교적 보호권만 소멸하는 합의가 이루어졌다는 취지인지, 아니면 위안부합의를 통해 위안부 피해자들의 개인적 청구권도 소멸되거나 재판상 행사가 금지되었다고까지 주장하는 것인지는 분명하지 않다. 한편, 위안부합의를 성사시킨 박근혜 정부의 입장은 위안부합의를 통해 외교적 보호권은 물론 위안부 피해자들의 모든 청구권도 소멸하거나 더

이상 재판상 행사할 수 없다는 입장이라고 해석될 여지는 있을
것 같다. 만일 그러한 의사가 아니었다면 당시 위안부합의 자체
가 성사되지 않았을 것이기 때문이다.

다음으로 위안부합의를 조약이 아닌 일종의 정치적 합의에
불과할 뿐이라고 보는 입장이다. 바로 우리 헌법재판소의 태도에
해당한다. 헌법재판소는 "위안부합의는 정치적 합의에 불과할 뿐
국제법상 권리, 의무를 부여한 조약이라고 보기는 어렵다. 따라서
그로 인해 우리나라의 외교적 보호권이나 위안부 피해자들의 청
구권이 소멸하였다고 볼 수는 없다"는 입장을 취했다(헌법재판소
2019. 12. 27. 선고 2016헌마253 결정). 조약이 아니므로 아무런 국제법
상 효력을 수반하지 않는다는 입장을 취한 것이다. 참고로 이에
관한 대법원의 판단은 아직까지 없는 상태이다.

제3절 강제징용, 위안부 소송

우리가 현재 강제징용, 위안부 소송이라 부르는 재판들은 '강제징용·위안부 피해자들이 일본 측을 상대로 손해배상을 구하는 소송'이라는 공통점을 갖는다. 나아가 피해자들이 입은 손해가 노예노동(위안부의 본질인 성 노예노동도 노예노동에 포함된다)에서 비롯되었다는 점에서도 성질이 같다.

다만 차이점은 재판의 상대방, 즉 피고가 누구인가이다. 강제징용 소송은 당시 가해자인 일본 전범 기업들을 상대로 한 소송이지만, 위안부 소송은 일본 정부를 상대로 한 소송이라는 차이점을 갖는다.

위와 같은 차이점은 위안부 소송과 관련하여 추가적인 국제법적 쟁점을 만든다. 바로 앞서 간단히 언급한 '국가면제 법리의 적용 여부'이다.

국가면제 법리는 '어떤 국가가 다른 국가 법원에서 재판권 행사 대상이 될 수 없다'는 법리이다. 위안부 소송에 대입하면, '일본이 우리나라 법원에서 위안부 소송의 피고가 될 수 없다'는 결론을 얻게 한다. 위안부 소송과 관련한 일본의 현재 주장이 바로 그 내용이라는 것은 앞서 설명한 바와 같다.

2021년에 선고된 두 위안부 판결 중 이러한 일본 주장의 국가면제 법리를 그대로 적용하여 일본을 재판할 수 없다고 한 판결이 서울중앙지방법원 2021. 4. 21. 선고 2016가합580239 판결(이하 '4월 판결'이라 한다)이다.

반면에, 위안부 소송에서는 국가면제 법리를 적용할 수 없으므로 일본을 재판할 수 있다고 본 판결이 같은 법원 2021. 1. 8.

선고 2016가합505092 판결(이하 '1월 판결'이라 한다)이다. 모두 위안부 피해자들이 제기한 동일한 구조의 소송에서 180도 다른 판결들이 나온 것이다.

위안부 피해자들의 손을 들어 준 1월 판결은 일본의 무시 전략으로 항소 기간을 지나 그대로 확정되었다. 반면에 일본의 손을 들어 준 4월 판결은 해당 원고들의 항소로 인하여 현재 서울고등법원에서 계속 중이다.

한편, 강제징용 소송과 관련하여 앞서 소개한 바와 같이 신일본제철을 피고로 한 2018년 대법원 전원합의체 판결과 같은 해 뒤이어 선고된 미쓰비시를 피고로 한 대법원 판결(대법원 2018. 11. 29. 선고 2013다67587 판결)이 나온 후, 해당 원고들은 두 기업(신일본제철, 미쓰비시)의 국내 자산을 찾아 강제집행 절차를 진행하고 있다.

두 기업은 강제집행의 각 단계마다 위 두 대법원 판결이나 강제집행의 불법성을 주장하고 있는 것으로 알려져 있으나, 지금까지 우리나라 법원에서 그러한 주장들을 받아들인 적은 없다.

즉, 두 대법원 판결에 기초한 강제집행 절차는 종결을 향해 가고 있다.

제3장

강행규범

제 3 장

강행규범

이제 강행규범을 소개한다. 이미 밝혔듯이 필자의 대응논리를 뒷받침하는 핵심에 해당하기에 반드시 거쳐야 하는 관문이다. 나아가 강행규범이 우리나라 판결에 등장하기 시작한 시대적 맥락에서 이 개념을 아는 것은 여러 모로 도움이 될 것으로 기대한다. 물론 이 책의 목적상 필요한 핵심만 추렸다.

제1절 개념 일반

현재 강행규범에 관한 일반적 · 주류적 정의는 "국제사회의 근본가치를 의미하는 국제공서(國際公序)를 구현하고 보호하기 위해 만들어진, 이탈 불가성 · 규범 우월성 · 보편성을 갖는 국제법상 최상위 규범"이다.

좀 더 다가가기 쉽게 표현한다면, 어떠한 상황에서도 어겨서는 안 될 뿐만 아니라 예외도 허용될 수 없고(이탈 불가성), 어떤 국제법 규범들보다도 위에 있으며(규범 우월성), 국가 · 개인을 포함하여 국제사회 모든 구성원들이 지켜야 하는(보편성) 헌법과 같은 국제법 규범이 바로 강행규범이다.

강행규범을 위와 같이 국제사회 · 국제공서와 연결시켜 이해하는 것은, 이를 반대하는 대표적 학자이자 유력 강행규범 전문가들 중 1명으로 꼽히는 Robert Kolb 교수조차 "This is the absolutely predominant theory today(현재 절대적으로 지지받고 있는 이론이다)"라고 인정할 만큼 현재 강행규범에 관한 일반적·통설적 정의에 해당하고, 대부분의 국제재판 실무가들의 이해와도 일치한다.

주목할 것은, 국제사법재판소(ICJ)와 더불어 국제법의 해석·적용과 관련하여 가장 큰 권위를 인정받고 있는 UN 국제법위원회(ILC)도 강행규범을 위와 같이 이해하고 있다는 사실이다.

ILC는 2019년 강행규범에 관하여 총 23개 조항 및 부록으로 구성된 "Draft conclusions on peremptory norms of general international law (*jus cogens*) (이하 'Draft Conclusion'이라 한다)"을 1회독 단계에서 채택하고, 그에 대한 의견 회신을 각국에 요청한 상태인데, 강행규범의 이탈 불가성, 규범 우월성, 보편성을 확인하였다.

요컨대, 보편성·이탈 불가성·규범 우월성, 즉 한 단어로 표현하면 '강행성(強行性)'을 특징으로 하는 최상위 국제규범인 강행규범은 ICJ, ILC 등 최고의 권위를 자랑하는 국제 실무가들이나 학자들이 실제로 채용하고 있는 국제법 개념이자 재판규범으로 활약하고 있다.

제2절 강행규범의 근거인 국제사회, 국제공서

강행규범을 "국제사회의 근본 지향점이자 가치인 국제공서를 보호하기 위한 국제법상 최상위 규범"이라고 설명하였다. 여기서는 강행규범의 근거인 '국제사회'와 '국제공서'가 과연 무엇인지 보다 구체적으로 살펴본다.

이를 위해 우선 '사회' 및 사회 유지에 필요한 '공서'에 관한 설명부터 시작한다.

1. 사회와 공서

무릇 '사회'는 '구성원들'을 필수 성립 요건으로 한다. 다만, 개개 구성원들의 단순한 합계가 아니라 구성원들 사이에 소통, 소속감·유대감, 공유하는 공통의 가치가 있을 때 비로소 성립한다.

예를 들어, 사람 100명이 서울역 광장에 기차를 타기 위해 모여 있다고 할 때 우리는 이들을 '기차를 타기 위하여 모인 100명의 사람들'이라고 말할 뿐 '기차를 타기 위한 사회'라고 말하지는 않는다. 단순히 기차를 타기 위해 모여 있을 뿐 100명을 한데 아우르는 소속감·유대감이 있을 수 없기 때문이다.

그리고 위와 같이 모든 사회는 그 연장선에서 '공통의 지향점'을 필요로 한다. 사회는 구성원들 사이의 교류가 필수적인 만큼 그로 인한 갈등을 해결하고 사회가 추구하고자 하는 가치를 달성하기 위한 목표가 요구되는 것이다. 우리는 바로 이러한 필수적 지향점을 '공서(公序)', 영어로는 'public order'로 부른다. 즉, 모든 사회에는 공서가 있고, 있어야 한다.

이 연장선에서, 공서의 공통적인 속성은 어떤 형태의 사회이든 이를 통해 구성원들의 자유를 제한할 수 있는 역할을 한다는 점이다. 즉, 공서는 사회 유지라는 공적 가치를 위해 구성원들의 사적 자치(自治)를 제한하는 것을 본질로 한다.

2. 국제사회와 국제공서

사회와 공서에 관한 설명은 국제사회와 국제공서를 이해하는 데 효과적이다. 즉, 사회를 유지하기 위해 공서가 필수적인 것과 같이 국제사회를 유지하기 위해 국제공서는 필수적이다. 바꾸어 표현하면, 국제사회가 존재한다면 이를 위한 국제공서는 따라붙게 되어 있다.

그런데, 이 지점에서 과연 국제사회가 존재하는지 자체에 관해 의문이 제기될 수 있다. 국가는 각 완전체를 구성하므로, 그 이상으로 개개 국가들 위에 존재하는 국제사회라는 상위 개념의 필요성이나 공통 가치라는 게 과연 존재하는지에 관해 부정적인 시각이 가능하다. 즉, 국가들 사이의 관계에서 교류의 필요성은 충분히 존재하나, 이를 넘어 상위 공동체 및 공통의 방향이 있다는 것은 허구로 볼 여지가 있다.

그럼에도 현대를 살아가는 우리는 국제사회 개념을 사실상 당연한 것으로 받아들인다. '지구촌'이라는 단어가 극명하게 나타내듯이, 대부분의 우리는 지구라는 한 마을에 살고 있다고 생각한다. 이와 관련, 현재 국제사회를 아예 부정하거나 아직 완전한 형태의 사회라고 보기 어렵다는 취지의 견해들을 전혀 발견할 수 없는 것은 아니나, 현재 거의 절대적 비율로 볼 수 있을 만큼 대부분의 국제법 이론과 실무는 국제사회를 당연한 전제로 하고 있음을 파악할 수 있다.

한편, 국제사회의 구성원은 국가들뿐인가? 아니면 그 소속 개인들도 포함되는가?

이 책은 이미 앞서 강행규범에 관한 설명을 하면서 국제사회의 구성원은 국가뿐만 아니라 개인도 포함된다고 전제하였다. 국제사회에 국가들뿐만 아니라 그 소속 개인들도 포함된다고 봄이 타당한 이유는, 국가는 무생물에 불과하기 때문이다. 즉, 유대감을 느끼고 소통을 하는 주체는 어디까지나 1차적으로는 개인이고, 그 개인들의 움직임이 국가들 사이의 유대감과 소통으로 의제되는 것이기 때문이다.

이와 관련, 이병조 교수는 강행규범을 1969년 국제사회에서는 최초로 공식적으로 확인한 "조약법에 관한 비엔나협약(Vienna Convention on the Law of Treaties, 이하 '비엔나협약'이라 한다)" 체결 당시 ILC의 거의 모든 위원들이 국제사회를 그와 같이 이해했다는 취지로 설명한다. 그리고 이는 이병조 교수 독자의 설명에 그치는 것이 아니라 강행규범의 발전에 획기적 기여를 하였다고 평가받는 Alfred Verdross를 포함한 여러 학자, 실무가들이 국제사회를 이해하고 있는 방식이다.

개인이 국제사회의 최소 구성단위라는 위와 같은 이해는 현 국제법에서는 사실상 당연하게 받아들여지고 있는 것처럼 보인다. 나아가 위와 같은 해석은 과거 국가의 부속물이나 국제법상 객체에 불과하였던 개인이 인권 의식 발전 등과 맞물려 국제법상 주체로 떠오른 것과 연결될 수 있다. 즉, Christian Tomuschat 교수의 설명과 같이, 국제사회는 단순히 국가들만을 구성원으로 하는 사회가 아닌 그 소속 개인들까지 아우르는 '인류 사회'라는 표현으로 대체될 수 있다.

이제 국제공서를 다룰 차례이다. 앞서 사회와 공서의 관계에서 설명하였지만, 국제사회를 인정하면 국제공서도 인정된다. 어떤 사회이든 그 사회를 유지하기 위한 공서는 필수적인 것이기 때문이다. 즉, 국제사회는 국제사회를 지탱하는 근본가치이자 공통 지향점인 국제공서를 갖는다.

그렇다면, 현재 국제공서의 구체적인 내용은 무엇일까? 이 질문에 대해, 아쉽게도 그 구체적 내용에 관해 어떠한 확립된 통일적인 답이 있다고 보기는 어렵다. 나아가 보더라도, 공서는 시대에 따른 가변성을 특징으로 하기에 어떤 하나의 정답만이 존재하기 어려운 영역이기도 하다.

다만, 확실한 것 두 가지는 있다. 사실상 모든 국제법 학자들, 실무가들이 인정하는 현 국제사회의 근본가치와 지향점을 확인할 수 있다. 바로 '인간 존엄성 존중'과 '국제 평화·공존'이다. 바꾸어 표현하면, 국제사회 최소 구성단위인 개인의 존엄성이 보호됨과 아울러 국제사회 모든 구성원들이 평화롭게 공존하여야 한다는 목표만큼은 현대를 살아가는 그 어느 누구도 반대 의사를 달지 않는 절대적인 가치로 파악할 수 있다.

이 책에서는 일일이 소개하지 않지만, 그 증거들은 UN 헌장을 비롯하여 셀 수 없이 많고 광범위하다. 즉, 자본주의/사회주의 국가를 포함하여 현재 어떤 형태의 국가들이나 그 소속 개인들이든 모두 고개를 끄덕이는 근본 지향점이 바로 '인간 존엄성 존중'과 '국제 평화·공존'으로 파악된다.

요컨대, 국가들과 그 소속 개인들을 구성원으로 하는 국제사회는 "인간 존엄성 존중과 국제 평화·공존의 지향점을 수호하기 위해 이를 위협하거나 파괴하는 행동들에 대하여 부단히 맞서고 있는 공동체"로 묘사될 수 있다. 나아가 위와 같은 국제사회와 국제공서에 대한 이해를 통해 강행규범을 보다 다가가기 쉽게 설명할 수 있다. 즉, 그러한 수호 의지를 국제법적으로 표현한 것이 바로 강행규범이다.

제3절 무엇이 강행규범인지 아는 방법

지금까지 강행규범을 국제사회와 국제공서의 관점에서 설명하였다. 필자만의 언어로 보다 쉽게 표현한다면, "국제사회가 무너지지 않도록 지탱하는 최소한의 법 규범"이 바로 강행규범이다.

그런데 세상에 무수한 규범들 중 어떻게 해야 강행규범으로까지 인정되는 것인가? 이 절에서는 바로 이를 다루었다(한편 여기서 '규범'의 의미를 모를 독자들을 위해 간단히 설명한다면, "해야만 하고, 어기면 비난이나 제재가 가해짐"을 속성으로 한다. 즉 규범에는 "should"의 의미가 들어있다. 대표적으로는 도덕 규범, 법 규범이 있다. 두 규범의 차이는 어겼을 때 제재의 내용과 강도이다. 예를 들어 법 규범은 위반에 대하여 강제적 회복·제재 절차를 부여한다. 즉, 회복청구권과 회복의무, 형벌 집행 등의 강제력을 수반하는 것이 법 규범의 핵심이다).

소개한 바와 같이 ICJ와 더불어 국제법의 해석·적용과 관련하여 가장 큰 권위를 부여받고 있는 ILC는 Draft Conclusion에서 주류적 입장과 같이 강행규범을 정의하면서, 그와 아울러 강행규범이 되려면 어떤 것들을 갖추고 있어야 하는지에 관한 학계·실무의 입장을 정리하고 반영한 규정들도 두고 있다.

먼저 강행규범은 그냥 만들어지는 것이 아니라 강행성에 관한 '국제사회의 수락·인정'을 통해 탄생한다고 확인하고 있다. 여기서 등장하는 '국제사회의 수락·인정'은, 특별한 다른 뜻을 가지고 있는 것이 아니라 우리가 평소 사용하는 그 의미 그대로이다. 즉, '국제사회가 강행성(이탈 불가성, 보편성, 규범 우월성)을 받아들여야 한다'는 의미이다.

나아가 ILC는 '수락·인정'이 구체적으로 어떻게 이루어져야 하는지에 관해서도 설명하고 있다. 그 골자는 "국제사회의 수락·인정은 반드시 객관적 자료들을 통해 확인되어야 한다"는 것이다. ILC는 그 예로 UN 총회와 같은 국제기구의 결의, 국내법원들의 판단 등 몇 가지를 들고 있으며, 그와 아울러 ICJ 판결을 비롯한 국제재판소들의 판단이나 ILC와 같은 전문가 그룹의 연구결과물, 학계의 입장 등도 함께 고려하여야 한다고 설명한다. 요컨대, 다양한 형태의 객관적 자료들을 통해 강행성에 관한 국제사회의 수락·인정이 존재하는지 여부를 따져보고, 그런 과정을 통해서만 비로소 강행규범의 존재를 확인할 수 있다는 것이다.

그런데 여기서 짚고 넘어가야 할 내용이 있다. 강행성에 관한 국제사회의 수락·인정이 존재하는지 여부를 확인하기 위한 필요 전제로서 우선 해당 규범이 '국제법 규범'이어야 한다는 점이다. 예를 들어 A라는 규범이 강행규범으로 인정되기 위해 A규범의 강행성(이탈 불가성, 보편성, 규범 우월성)에 관한 국제사회의 수락·인정이 필요하나, 그 전에 A규범은 단순히 도덕 규범이 아닌 법적 강제력을 수반하는 국제법 규범, 즉 일반적으로 말해 조약, 관습국제법 등이어야 한다는 것이다.

이와 관련, 조약이 무엇인지는 이미 설명한 바 있다. 이에 더하여 조약과 함께 대표적인 국제법 형태인 관습국제법을 설명한다면, 예를 들어 A라는 규범이 있는데 그 규범이 단순한 도덕 규범 등이 아닌 법 규범이라는 확신(법적 확신)이 국가들 사이에 관행적으로 받아들여질 때(국가 관행) 관습국제법으로 인정된다. 즉, 관습국제법이 되려면 법적 확신, 국가 관행이 모두 갖추어져야 한다는 것이 일반적 설명이다.

'강행규범이려면 먼저 국제법 규범이어야 한다'는 위와 같은 설명은 어찌 보면 당연한 내용으로 볼 수도 있으나, 이는 학계에서는 종래 '2단계 방식'으로 명명되어 온 주류적 접근법이다. ILC도 이를 "Two-Step Approach"로 표현하면서 공식적으로 채택하고 있다.

ILC에 따르면, 어떤 규범을 강행규범으로 인정하기 위해서는 먼저 1단계로 그 규범의 법 규범성이 인정되어야 하고, 2단계로 그 법 규범의 강행성에 관한 국제사회의 수락·인정이 있어야 한다. 예를 들어, 노예 금지가 강행규범이라는 의미는, 노예 금지가 1단계로 국제법 규범의 지위에 있고, 2단계로 그 강행성에 관한 국제사회의 수락·인정도 존재한다는 의미를 갖는다.

한편, 1단계에서 확인되어야 할 '법 규범 여부'와 관련하여, 위와 같이 이론적으로는 강행규범이 되기 위해 모든 형태의 국제법 규범이 가능하나, 사실상 관습국제법만이 그 조건을 충족하는 것으로 보는 것이 학계나 실무의 주류적 흐름으로 파악된다.

즉, 어떤 규범이 강행규범이려면 그 규범은 먼저 관습국제법이어야 한다. 이는 무엇보다도 대표 국제재판소인 ICJ가 2012년에 한 아래 판단에서 확인할 수 있다.

> 고문 금지는 관습국제법으로 존재하다가 강행규범화하였다. 따라서 강행규범으로서의 고문 금지는 광범위한 국가 관행과 법적 확신에 기반한다.[1]

ICJ는 위 내용과 같이 강행규범으로서의 고문 금지의 생성 과

---

1) Questions Relating to the Obligation to Prosecute or Extradite (Belgium v. Senegal), ICJ Judgment (2012), para. 99.

정을 '관습국제법 → 강행규범으로의 승격'으로 명시하였다. 관습국제법의 두 성립요건인 법적 확신과 국가 관행을 갖춘 규범 중에 강행성에 관한 국제사회의 수락·인정까지 있는 것이 바로 강행규범이라고 판단한 것이다.

여기서 이해를 돕기 위해 관습국제법의 두 요건을 보다 알기 쉽게 설명한다면, 먼저 '법적 확신'은 해당 규범이 법 규범이라는 점에 관한 국가들의 확신을 의미한다. 즉, 단순한 예절이나 도덕 규범이 아닌 국제법이라는 점에 관한 국가들의 확신을 의미한다. 다음으로 '국가 관행'은 해당 규범이 국제법임을 바탕으로 이루어진 국가들의 축적된 의사표시나 작위/부작위를 의미한다. 이때 국가 관행은 단순한 말로도 확인할 수 있고, 반드시 적극적 행동으로 표시될 필요는 없다(두 요건 모두 객관적 자료들을 통해 확인되어야 한다는 점에서는 강행성의 수락·인정의 확인 방법과 같다. 나아가 '객관적 자료들'에 UN 총회 결의 등이 포함된다는 점에서도 유사하다).

요컨대, 강행규범은 관습국제법이면서 국제사회에 의하여 "강행성까지 부여받은 특수한 유형의 관습국제법"이다. 따라서 어떤 규범이 강행규범인지 아는 방법은 그 규범이 관습국제법인지 여부를 법적 확신과 국가 관행을 통해 먼저 따져보고, 그런 다음 강행성에 대한 국제사회의 수락·인정이 있는지 여부를 따져보라는 것이다.

제4절 강행규범의 예

ILC는 지금까지 설명한 강행규범과 관련하여, Draft Conclusion 부록에서 실제로 어떤 규범들이 현재 강행규범으로 인정되고 있는지에 대해서도 예시하였다. 총 8개 규범인바, 아래와 같다.

① 침략행위 금지

② 제노사이드 금지

③ 인도에 반하는 죄 금지

④ 국제인도법의 기본원칙[2]

⑤ 인종차별·분리 금지

⑥ 노예 금지

⑦ 고문 금지

⑧ 자결권[3]

ILC의 강행규범 예시는 그동안 국제재판소 판례나 학계의 입장 및 ILC 스스로 강행규범으로 인정해왔던 규범들을 망라한 것이다. 대부분 제목 자체로도 어떤 내용인지 다가오는 규범들이나, 일부 생소할 수 있는 위 ④, ⑧에 대해서는 각주를 붙였고, 위

---

2) Draft Conclusion이 채택한 용어인 '국제인도법의 기본원칙'은 보다 보편적으로 사용되고 있는 용어인 '전쟁범죄(War Crimes) 금지'와 같은 의미로 파악된다. 전쟁범죄 금지는 보다 이해하기 쉬운 용어가 될 것이다. 즉 무력 충돌 상황에서 취약한 지위에 있을 수밖에 없는 개인들을 보호하는 목적을 갖는 강행규범이다.

3) UN 총회의 1960년 결의 1514호를 참고할 수 있다. 해당 결의 제2조는 자결권을 "모든 민족이 자신들의 정치적 지위를 스스로 자유롭게 결정하여 독립성을 갖는 정치적 공동체를 세울 수 있는 권리"로 정의한다.

①, ④, ⑤, ⑧을 제외한 4개 규범들인 노예 금지, 고문 금지, 인도에 반하는 죄 금지, 제노사이드 금지에 대해서는 그 중요성과 글 전개상 필요성을 고려하여 뒤에 보다 상세한 설명을 하였다.

우리는 위 8개 규범들을 통해 무엇이 강행규범인지 보다 직접적으로 다가갈 수 있다. 그리고 위 8개 규범들이 강행규범이라는 것은, 바꾸어 표현하면 8개 규범들 모두 국제사회의 근본가치, 즉 국제공서를 보호·구현하기 위한 국제법 규범이라는 뜻이다.

나아가 정리한 바와 같이 현 국제공서가 인간 존엄성 존중과 국제 평화·공존의 두 가지로 나뉜다는 이 책의 전제에서, 위 8개 규범들도 각 보호·구현하고자 하는 국제공서의 내용에 따라 다음과 같이 두 가지로 유형화할 수 있다.

먼저 인간 존엄성 존중의 가치를 보호·구현하기 위한 유형이다. 8개 규범들 중에는 "제노사이드 금지, 인도에 반하는 죄 금지, 국제인도법의 기본원칙, 노예 금지, 고문 금지" 규범이 이에 해당한다. 이를 이 책에서는 '인권 강행규범'으로 부른다.

다음으로 인간 존엄성 존중과 함께 국제 평화·공존의 가치도 아울러 보호·구현하기 위한 유형이다. 8개 규범들 중에는 위 5개 규범들을 제외한 나머지 규범들인 "침략행위 금지, 인종차별·분리 금지, 자결권"이 이에 해당한다. 이를 이 책에서는 '공존 강행규범'으로 명명한다.

어떻게 이름을 붙이든, 필자의 연구 결과에 의할 때 위 8개 규범들을 포함하여 현재 강행규범으로 인정되거나 논의되고 있는 모든 규범들(ex. 환경 보호)은 위와 같이 두 그룹으로 분류할 수 있을 만큼 서로 구별되는 특성이 있다. 그 핵심은, 국제사회 최소 구성단위인 개인 자체에 중점을 두는가(인권 강행규범), 개인 자체보다는 국제사회 구성원들 사이의 관계에 중점을 두는가(공존 강행 규범) 여부이다. 제4장에서 설명하지만, 특히 인권 강행규범은 위와 같은 특성으로 인해 국가가 아닌 개인만 주체라는 결론과 자연스럽게 이어지게 된다.

한편, Draft Conclusion은 위 8개 규범들을 예시하고 있을 뿐 각 규범들에 관한 자세한 설명은 하고 있지 않다. 그러나 각 강행규범의 내용을 좀 더 구체적으로 소개하는 것은 이 책의 목적상으로나 강행규범 전체의 이해를 위해서도 효과적인 방법이 될 것으로 믿는다.

이에 아래에서는 위 8개 규범들 전체를 소개하지는 않는 대신, 그중에서도 가장 보편적인 지지를 얻고 있는 대표 인권 강행규범들일 뿐만 아니라 이 책의 전개를 위해서도 필요한 4개 규범들을 추렸다. 인권 강행규범 유형들 중 노예 금지, 고문 금지, 인도에 반하는 죄 금지, 제노사이드 금지 규범이다.

지금부터는 위 4개 규범들의 강행규범성, 바꾸어 표현하면 4개 규범들이 관습국제법일 뿐만 아니라 국제사회에 의하여 강행성까지 수락·인정받고 있는 규범들이라는 점을 객관적 자료들을 통해 확인할 것이다.

1. 노예 금지

노예란 다른 사람의 소유 또는 통제 아래 그 권위에 복종하고, 그 노동이 강압에 의하여 얻어짐을 특징으로 한다. 다시 말해 노예의 핵심은 '노동의 제공이 자기결정권의 부존재 상태에서 이루어진다'는 것에 있다.

요약하면, 노예제, (性)노예노동, 노예거래 등을 금지하는 의미를 갖는 노예 금지 규범에서의 노예는 '자기결정권을 박탈할 정도의 통제권 아래 각종 형태의 노동을 제공하는 것'을 뜻한다. 즉, 노예를 다룬 고전 영화 '뿌리'에서 등장하는 노예들과 같이 사고 팔리는 상품 노예만이 노예가 아니라는 것을 기억할 필요가 있다. 나아가 국적을 가리지 않기 때문에 어떤 국가가 그 국가 국민을 상대로 노예노동을 시켰다면, 그 국가는 노예 금지 규범을 위반한 가해자가 된다.

이러한 노예 금지 규범의 관습국제법성 및 강행규범성에 관하여 많은 자료들을 확인할 수 있다. 1815년 개최된 비엔나회의에서 이루어진 '노예무역의 일반적 폐지에 관한 선언' 이래, 1926년 국제연맹의 '노예 금지 협약', 1956년 UN의 '노예제, 노예무역 및 노예제와 유사한 제도와 관행의 폐지에 관한 보충협약', 세계인권선언(UDHR) 등의 국제인권법규들, ILC의 일관된 입장, 학계의 통설적 입장 모두 적절한 증거들로 기능한다.

나아가 노예 금지의 강행규범성은 여러 국제재판소에서 확인할 수 있는 내용이다. 특히 최고 국제재판소인 ICJ는 2012년 국가면제 판결에서 '노예 금지'를 강행규범이라고 판단하였다[일명 '페리니 판결'로도 불리는 국가면제 판결은 2차 세계대전 당시 나치가 자행한 노예노동 피해자인 이탈리아인 페리니(Ferrini)가 이탈리아 법원에 독일 정부를 상대로 손해배상을 청구한 사건을 대상으로 한다. 이탈리아 법원이 독일의 국가면제를 인정하지 않고 배상책임을 인정하자, 독일이 이탈리아를 국가면제 법리 위반을 이유로 ICJ에 제소하였고, ICJ가 그에 대한 판결을 한 것이다. 제5장에서 자세히 다룬다].

2. 고문 금지

라틴어 'tort'에서 유래한 고문은 "어떤 정보나 자백 등을 얻을 목적으로 극심한 육체적 또는 정신적 고통을 가하는 각종 의도적 행위"를 일컫는다. 고문이 무엇인지는 특별한 설명이 없어도 누구나 아는 바로 그 고문이다. 역시 국적을 가리지 않기 때문에 어떤 국가가 그 국가 국민을 상대로 고문을 자행하였다면, 그 국가는 고문 금지 규범을 위반한 가해자가 된다.

이러한 고문 금지의 관습국제법성 및 강행규범성에 관하여도 광범위한 자료들을 발견할 수 있다. 예를 들어 UN 총회는 1984년 고문 금지 협약을 채택하였고, 시민적 및 정치적 권리에 관한 국제규약(ICCPR) 제7조는 고문을 받지 않을 권리를 명시하고 있으며, UN 고문 금지 위원회도 고문 금지의 강행규범성을 인정하고 있다. 아울러 이는 ILC의 일관된 입장이며, 통설이다.

이에 더하여 여러 국제재판소가 고문 금지를 강행규범으로 인정하고 있음을 아울러 확인할 수 있다. 특히 ICJ는 앞서 인용한 바와 같이 2012년 고문 금지가 강행규범에 해당한다고 명시적으로 판단하였다.

3. 인도에 반하는 죄 금지

인도에 반하는 죄는 "광범위하거나(widespread) 체계적인(systematic) 살해, 고문 등을 통하여 신체·정신 건강에 대해 중대한 고통이나 피해를 야기하는 각종 비인도적 행위"를 가리킨다. 전시와 평시를 가리지 않고, 국가 간 분쟁이든 비 국가 간 분쟁 상황이든 불문한다. 나아가 앞서 노예, 고문 금지와 마찬가지로 피해자의 국적을 가리지 않기 때문에 자국 국민들에 대해서도 자행될 수 있다.

한편 위와 같은 설명에서 알 수 있듯이, 현재 통용되고 있는 인도에 반하는 죄는 노예, 고문 등의 각종 비인도적 행동을 포함하되, "광범위하거나 체계적으로" 이루어질 것을 요건으로 한다는 특성을 가지고 있다. 따라서 예를 들어 어떤 노예노동이나 성 노예 행위가 이루어진 경우 앞서 설명한 노예 금지 규범을 위반한 행위가 되지만, 만일 그 행위가 광범위하고 체계적으로 이루어졌다면 인도에 반하는 죄 금지를 위반한 행위로도 인정된다.

이러한 인도에 반하는 죄 금지에 대해서도 관습국제법성 및 강행규범성을 확인할 수 있는 여러 자료들이 존재한다. 그중에서도 나치 전범 처리를 위해 만들어진 뉘른베르크 재판소나 UN 총회 결의 95(I)호, 국제형사재판소(ICC) 등 여러 국제재판소들의 재판소 규정들이 대표적이다. 나아가 ILC의 태도도 마찬가지이고, 학설상으로도 인도에 반하는 죄 금지는 현재 강행규범성에 관하여 가장 논쟁의 여지가 적은 규범들 중 하나로 취급되고 있음을 확인할 수 있다.

이에 더하여 구 유고 국제형사재판소(ICTY), 르완다 국제형사재판소(ICTR), 미주인권재판소(IACtHR), 시에라리온 특별재판소(SCSL) 등 대부분의 국제재판소 또한 인도에 반하는 죄 금지의 강행규범성을 확인한 판결을 내렸다. 특히 ICJ의 경우 2012년 국가면제 판결에서 인도에 반하는 죄 금지의 강행규범성을 확인하였다.

4. 제노사이드 금지

1948년 UN에서 채택된 제노사이드 금지 협약에 따르면, 제노사이드는 "국적, 민족, 인종, 종교 집단의 전부나 일부를 파괴할 의도로 행해지는 행위"를 일컫는다. 제노사이드 금지 협약은 이러한 행위로 집단 구성원들에 대한 (1) 살해뿐만 아니라, (2) 신체적·정신적 위해, (3) 신체적 파괴를 야기하는 생활 조건의 의도적 침해, (4) 집단 내 출산을 막기 위한 조치, (5) 집단 내 어린아이들의 다른 집단으로의 강제이동의 다섯 가지를 규정하는 바, 현재 제노사이드에 관한 일반적 정의로 볼 수 있다.

제노사이드라는 표현은 국제법 학자인 Raphael Lemkin이 처음으로 사용한 것으로 알려져 있다. UN 총회는 1946년 결의 96(I)호를 통해 제노사이드라는 표현을 사용함과 아울러 제노사이드가 '인류의 양심'에 충격을 주는 범죄행위로서 그에 대한 예방과 처벌을 위한 입법을 촉구하는 결의를 하였는데, 그에 따른 결과물이 제노사이드 금지 협약이다. 제노사이드도 전시와 평시를 불문하고, 국가가 아닌 비 국가단체에 의하여도 행해질 수 있다. 역시 국적을 불문하기 때문에 어떤 국가가 자국 국민들에 대하여 자행해도 제노사이드 가해자로 취급된다.

제노사이드 금지의 관습국제법성 및 강행규범성에 관한 자료들도 상당수 발견할 수 있다. 먼저 위에서 언급한 UN 총회의 1946년 결의 96(I)호 및 그에 따른 제노사이드 금지 협약 등을 확인할 수 있다. 아울러 ILC 또한 2006년 제노사이드 금지에 관해 "강행규범으로 가장 많이 언급되는 것들 중 하나"로 명시한 것을 비롯하여 여러 차례 제노사이드 금지의 강행규범성을 확인해 왔고, 제노사이드 금지의 강행규범성 인정은 역시 학계의 통설로 파악된다.

　나아가 여러 국제재판소 판결들에서도 제노사이드 금지의 강행규범성이 확인된다. 대표적으로 ICJ는 2006년 제노사이드 금지에 관해 '확실하게(assuredly)'라는 표현까지 사용하면서 강행규범에 해당한다고 확인하였다.

제4장

청구권협정,
위안부합의와
관련한 대응논리

제4장
청구권협정, 위안부합의와 관련한 대응논리

　제4장의 제목을 '청구권협정, 위안부합의와 관련한 대응논리'로 잡았다. 제목 자체로도 제4장의 내용을 알 수 있을 것이다. 이 책 앞머리에 밝혔듯이 일본은 현재 청구권협정을 일괄타결협정이라고 주장하고 있고, 특히 위안부 문제는 조약 성격의 위안부합의를 통해 다시 한 번 일괄적으로 해결되었다고 주장하는 상황이다. 제4장은 바로 그러한 일본의 주장을 전제로 지금까지 설명한 강행규범의 관점에서 그 주장을 반박하는 내용으로 구성되어 있다.

　국가를 유일한 국제법 주체로 본 전통 국제법 아래 개인은 국가의 부속물 내지 객체에 지나지 않았고, 그 연장선에서 전후 처리 등과 관련하여 개인이 당한 피해를 국가들끼리 해결하기 위한 방법으로 일괄타결협정이 등장한 것으로 파악된다. 실제로 제2차 세계대전 후 상당수의 일괄타결협정이 체결된 것으로 확인된다.

　그런데, 피해자들을 배제한 국가들끼리만의 합의를 통해 피해자들의 청구권을 소멸시키거나 재판상 행사할 수 없도록 하는 것을 핵심으로 하는 일괄타결협정이 과연 현 국제법의 흐름상 타당한가? 즉, 일본이 주장하는 바와 같이 청구권협정이나 위안부합의를 모두 부제소 합의 유형의 일괄타결협정으로 본다면, 그로 인해 징용청구권과 위안부청구권을 피해자들 동의도 없이 재판상 행사하지 못하게 하는 것이 과연 이치에 맞는가? 이 장에서는 바로 위와 같은 직관적 의문에 대한 답을 필자의 시각에서 제시하였다.

이 책의 일관된 방향이 '일본 주장에 대한 대응논리 제시'인 이상, 이 책은 제2장에서 설명한 것과 같이 일본 주장과 아무런 접점을 찾을 수 없는 우리나라 대법원, 헌법재판소의 논리를 토대로 하지는 않는다.

그 대신 이 책은 일본의 입장과 같이 설령 청구권협정, 위안부합의를 부제소 합의 유형의 일괄타결협정으로 보더라도 징용·위안부청구권의 재판상 행사가 여전히 가능하다는 내용을 담았다. 즉, 결론에 있어서는 결국 대법원, 헌법재판소와 같으나, 두 기관의 논리를 채용하지 않으면서도 동일한 결론을 얻었다.

이는 지금까지 국내 학계나 실무에서는 시도되지 않았던 필자 고유의 새로운 접근 방식이다. 나아가 그러한 접근을 가능하게 한 것은 바로 제3장에서 설명한 인권 강행규범의 존재 때문이다.

구체적으로, 필자는 일괄타결협정을 아래와 같이 두 가지 관점에서 바라보았다.

첫째, 일괄타결협정은 "인권 강행규범 위반에 따른 피해자 개인의 회복청구권(이하 '인권 강행규범 청구권'으로 줄여 표현한다)"까지 소멸시키거나(포기 유형), 재판상 행사를 금지시킬 수는 없으므로 (부제소 합의 유형), 그러한 내용을 포함하는 일괄타결협정은 국제법상 효력을 부여할 수 없다는 시각이다. 이 부분은 필자가 2019년, 2020년 각 국내 국제법 전문지에 기고한 관련 논문4)들을 보

---

4) "국제적 강행규범의 관점에서 본 강제징용 청구권의 소권(訴權) 소멸 여부(2019

다 발전시킨 것이다.

위 첫 번째 관점에 따르면 청구권협정, 위안부합의의 국제법상 효력은 부정된다. 그 연장선에서 징용·위안부청구권에 관한 국제법상 장애물은 제거된 상태이고, 두 청구권의 재판상 행사가 가능하다는 결론을 얻는다. 징용·위안부청구권은 노예 금지나 인도에 반하는 죄 금지의 두 인권 강행규범 위반에 따른 회복청구권이므로, 위 결론을 얻을 수 있다고 보는 것이다.

둘째, 일괄타결협정의 대상에 인권 강행규범 청구권은 아예 포함될 수 없다는 시각이다. 즉, 일괄타결협정의 적용 범위 한계로 그러한 청구권은 아예 원천적으로 포함될 수 없는 것으로 보아야 한다는 관점이다. 이 또한 아직까지 국내 국제법 학계에는 시도되지 않았던 접근법이다.

위 두 번째 관점에 따르면 청구권협정, 위안부합의는 그 적용범위로 두 인권 강행규범 청구권에 해당하는 징용·위안부청구권을 포함시킬 수 없으므로, 역시 두 청구권에 대한 국제법상 장애물은 없는 셈이다. 따라서 마찬가지로 두 청구권의 재판상 행사가 가능하다는 결론을 얻게 된다.

이미 설명한 인권 강행규범이 무엇인지 이해한 독자들이라면 이 장의 설명을 어렵지 않게 접근할 수 있을 것으로 기대한다. 그 연장선에서, 먼저 인권 강행규범의 주체가 국가가 아니라 오로지 피해자 개인이라는 설명부터 시작하려 한다. 이제 그 문을 열어본다.

년 서울국제법 연구, 제26권 1호)”와 “강행규범(Jus Cogens)과 일괄타결협정의 관점에서 본 청구권협정의 효력(2020년 국제법논총, 제65권 1호)” 참조.

제1절 인권 강행규범의 주체인 피해자 개인

제2차 세계대전 이전의 국제법 질서는 기본적으로 주권국가의 권리와 의무에 관한 것이었고 국가들 간의 관계만을 규율하였다. 즉, 반복하지만 개인은 국가의 부속물에 불과하였다.

그러나 1946년 뉘른베르크 재판소에서 "국제법은 국가뿐만 아니라 개인에게도 권리와 의무를 부과한다"는 원칙을 확인한 이래, 국제인권법의 발달 등에 따라 현재 국제사회는 개인에게도 국제법상 주체의 지위를 부여하는 방향으로 움직이고 있다.

이와 관련 주목할 것은, UN이 2005년 12월 16일 "피해자 구제권리 기본원칙 및 가이드라인"(이하 '피해자 기본원칙'이라 한다)을 채택하였다는 사실이다.

피해자 기본원칙의 골자는, "국제범죄에 해당하는 국제인권법의 중대한 위반과 국제인도법의 심각한 위반"으로 피해를 입은 개인이 국가뿐만 아니라 가해자 개인 등을 상대로도 직접 회복청구권을 갖고, 가해자 개인도 직접 회복 의무를 부담한다는 것이다.

1989년 Theo Van Boven 교수가 특별보고관으로 지명되면서 시작된 약 15년 동안의 논의 끝에 최종적으로 UN 총회에서 consensus에 의하여(즉, 어떤 회원국들의 반대도 없이) 채택된 피해자 기본원칙은 '피해자 권리장전'으로도 불리고, 그 당시까지 이루어진 국제법상 개인의 지위와 관련한 법리 발전을 반영하여 집대성하였다고 평가된다.

요컨대, 개인이 국제인권법이나 국제인도법의 주체로서 그 중대·심각한 위반을 이유로 직접 회복청구권을 가질 뿐만 아니라 직접 회복 의무를 부담한다는 법리가 국제사회에서 지지·확인되고 있다.

위와 같은 설명의 연장선에서, 인권 강행규범의 경우 그 주체는 국가가 아닌 오로지 개인이라는 결론을 얻는다. 나아가 이는 강행규범이 국제법 주체를 국가로 한정한 전통적인 국제법 이론과는 근본적으로 다른 시각에서 접근되어야 함을 알 수 있게 한다.

인권 강행규범과 관련한 사뭇 파격적인 위와 같은 접근방식에 대하여 자칫 거부감과 회의적 시각을 가질 수 있을 것이다. 하지만, 아래 설명을 통해 그러한 부정적 시각들이 상당 부분 해소될 것으로 기대한다.

무릇 법의 '주체'라는 것은 법상 권리, 의무가 함께 귀속된다는 뜻이다. 즉, 법 규범의 준수 의무는 물론 법 규범 위반에 따른 회복청구권 및 회복 의무를 함께 부여받을 때 비로소 온전한 '주체'가 된다.

위와 같은 주체 개념을 전제로, 앞서 설명한 바와 같이 인권 강행규범에 속하는 고문 금지와 관습국제법인 내정 간섭 금지 — 표현 그대로 각 국가가 다른 국가의 내정에 간섭해서는 안 된다는 법리 — 를 예로 들어 비교해 본다.

먼저 권리 측면에서 볼 때, 내정 간섭 금지 위반에 대한 회복청구권 주체는 국가이고 개인은 포함될 수 없는 반면, 고문 금지 위반에 대한 회복청구권 주체는 그 성격상 피해자 개인에게만 부여되어야 할 성질임을 알 수 있다. 설명한 바와 같이 고문 금지 규범이 보호하고자 하는 것은 국제사회 최소 구성단위인 피해자 개인의 인권 그 자체이기 때문이다.

위와 같이 고문 금지 규범의 권리 주체가 피해자 개인이지 그 개인이 속한 국적국이 아니라는 점은, 피해자가 국적국으로부터 고문을 당한 경우나 무국적자인 경우를 상정하면 보다 직접적으로 다가온다. 먼저 국적국으로부터 고문을 당한 경우 국적국은 가해자일 뿐 회복청구권 주체는 될 수 없음이 분명하다. 다음으로 무국적자인 경우 어떤 국가도 회복청구권 주체일 수 없음도 자명하다. 앞서 고문 금지가 국적을 불문한다고 설명하였기에 충분히 이해할 수 있을 것이다.

이와 관련, 누군가는 고문 피해자가 다른 국가 측으로부터 고문을 당하였을 경우만큼은 피해자 국적국에게도 회복청구권이 있다고 주장할 수 있을지 모른다.

그러나, 설령 피해자 국적국이 위와 같은 상황에서 가해국 측에 그 회복을 요구한다 하더라도, 이는 어디까지나 고문 피해자 개인의 회복청구권을 대신하여 행사하는 것이지 자신의 권리를 행사하는 것은 아니다. 피해자가 아니기 때문이다. 즉, 개인의 피해를 국적국의 피해와 동일시 한 전통 국제법의 전제가 더 이상 힘을 발휘할 수 없는 현 국제법 흐름상, 인권 강행규범의 청구권 주체는 오로지 피해자 개인뿐이다.

다음으로 준수 의무 및 회복 의무의 측면에서 살펴본다. 고문 금지의 준수·회복 의무는 보편성을 특징으로 하는 강행규범의 특성상 개인, 국가 등 구성원들 모두에게 부과된다. 내정 간섭 금지 규범의 준수·회복 의무 부담자에 개인이 포함될 수 없는 것과 구별된다.

준수·회복 의무와 관련한 위 논리에 관하여도, 만일 국제법 주체는 여전히 국가로 한정해야 한다는 전통적 시각에서 본다면, 인권 강행규범의 준수·회복 의무는 개인이 아닌 국가만 부담한다는 반대논리가 만들어질지도 모른다.

앞서 이에 대해, 국제사회는 '인류 사회'라는 용어로 대체될 수 있는 개념으로서 그 구성원에는 국가뿐만 아니라 개인도 포함된다는 점을 비롯하여, 강행규범과 국제공서의 관계, 인권 강행규범의 특성 등에 관하여 살펴본 바 있다.

이를 통해 알 수 있는 바와 같이 ① 강행규범이 국제사회를 전제로 그 공서를 구체화하기 위하여 구성원 모두에게 보편적으로 적용되는 규범인 점, ② 그중에서도 인권 강행규범은 국제사회 최소 구성단위인 개인의 인권을 보호하기 위한 규범인 점, ③ 현재 국제법 흐름은 개인이 국가의 부속물 내지 객체에 머무르는 것이 아니라 규범 주체성을 인정받고 있는 추세이고, 이를 확인한 것이 피해자 기본원칙인 점 등을 종합할 때, 개인은 적어도 인권 강행규범 영역에서만큼은 회복청구권을 가질 뿐만 아니라 준수·회복 의무도 부담한다고 봄이 타당하다.

이러한 논리는 무엇보다도 피해자 기본원칙의 태도와 일치한다. 왜냐하면, 앞서 본 바와 같이 피해자 기본원칙이 대상으로 하는 것은 "국제범죄에 해당하는 국제인권법의 중대한 위반과 국제인도법의 심각한 위반"이기 때문이다.

즉, 피해자 기본원칙에 강행규범이라는 용어가 사용되지 않았다 하더라도, 일반적 설명과 같이 강행규범의 범위 안에 국제범죄가 포함되는 이상, 피해자 기본원칙의 적용 대상이 사실상 인권 강행규범 위반과 동일하거나 최소한 이를 핵심으로 함을 알 수 있다.

따라서 피해자 기본원칙은 그러한 피해를 당한 개인이 직접 회복청구권의 주체가 됨과 아울러 회복 의무의 주체가 된다는 법리를 명시한 것이다. 나아가 그 연장선에서 인권 강행규범 위반

과 관련해서는 개인이 권리 주체임과 아울러 의무 주체임을 확인
한 내용에 해당한다.

이미 설명한 바와 같이 피해자 기본원칙이 UN 총회에서 채
택되었을 뿐만 아니라 그것도 어떤 회원국들의 반대도 없이
consensus에 의하여 채택되었다는 것은, 피해자 기본원칙을 바라
보는 국제사회의 태도와 관련하여 유의미한 시사점을 제공한다.
"국제법에 관하여 UN 총회에서 채택된 해석이나 선언은 관습국
제법 인정에 유력한 자료가 된다"는 Oscar Schachter 교수의 설
명에서도 확인할 수 있는 것처럼, UN 총회 결의를 통해 결의 대
상에 관한 법 규범성이나 법적 확신을 읽어낼 수 있기 때문이다.

ICJ도 니카라과 사건에서 UN 총회 결의를 통해 어떤 규범에
관한 법적 확신을 추론할 수 있다는 취지로 판단하였다. 아울러
1996년 핵무기 사용에 관한 권고의견에서는 "총회 결의가 구속력
을 갖는 것은 아니나 규범적 가치를 가질 수는 있다. 총회 결의
는 일정 상황에서는 어떤 국제법 규범의 존재나 법적 확신에 관
한 중요한 증거가 된다"고 하였다.

특히 UN 총회 결의가 피해자 기본원칙처럼 consensus에 의
하여 채택되었다면, 결의 대상에 관한 법적 확신의 존재는 그렇
지 않은 경우보다 더 강할 수밖에 없다.

이와 관련, UN 총회 결의의 법적 효과가 문제된 중재 사안[5]
에서, 담당 중재재판관은 총회 결의의 법적 효과를 파악하는 데
있어 "특정 그룹 국가들의 반대 없이 대다수 회원국들이 지지했

---

5) Texaco Overseas Petroleum Company and California Asiatic Oil Company v.
The Government of the Libyan Arab Republic. International Tribunal Arbitral
Award (by Rene-Jean Dupuy, 1977), ILR, Vol. 53, pp.389-512.

는지 여부"를 중요한 판단기준으로 제시하고 있다. 아울러 ICJ는 핵무기 사용에 관한 권고의견에서 법적 확신을 부정할 수 있는 상황으로 "총회 결의에서 상당수의 반대투표나 기권이 있는 경우"를 들고 있다.

위와 같은 내용들 모두 consensus에 의하여 채택된 피해자 기본원칙이 관습국제법 성격을 가지고 있음을 뒷받침한다. 나아가 그 연장선에서 피해자 기본원칙의 존재나 그 속에 담긴 내용은 인권 강행규범의 주체가 누구인가에 관한 위 논리의 정합성을 두텁게 지지한다.

요컨대, 인권 강행규범의 경우 그에 관한 회복청구권과 준수·회복 의무를 함께 갖는 것은 피해자 개인이 유일하므로, 결국 개인만이 온전한 주체라는 결론을 무리 없이 얻는다.

제2절 첫 번째 관점 - 인권 강행규범 청구권을 포함하는 일괄타결협정은 무효라는 시각

1. 직관적 의문에 대한 국제법 관점에서의 접근

필자의 첫 번째 관점이다. 즉, 어떤 일괄타결협정이 인권 강행규범 청구권까지 적용 대상으로 포함하고 있다면, 그 협정은 국제법상 무효이다. 지금부터 그 이유를 설명한다.

일괄타결협정은 '모든 청구권'을 대상으로 일괄 타결하는 것을 핵심으로 한다. 따라서 일괄타결협정 중에는 인권 강행규범 청구권도 협정 대상으로 포함시키는 경우가 생길 수밖에 없다(거의 대부분의 경우가 될 것이다).

즉, 포기 유형이든 부제소 합의 유형이든 어떤 국제적 무력 분쟁 등이 발생한 후 후속 처리를 위해 모든 청구권을 대상으로 해결하는 일괄타결협정의 특성상, 협정 대상에 인권 강행규범 청구권까지 포함시킨 것으로 해석되는 경우가 생길 것이다.

물론 어떤 일괄타결협정의 대상에 인권 강행규범 청구권이 포함되지 않는 상황을 전혀 배제할 수는 없다. 예를 들어 A국, B국이 전쟁을 한 후 일괄타결협정을 맺었으나, 인권 강행규범 위반에 해당할 만한 위법행위는 없는 경우를 아예 불가능한 상황으로까지 보기는 어렵다.

결국 일괄타결협정 대상에 인권 강행규범 청구권이 포함되어 있다고 볼 수 있는지나 구체적으로 어떤 인권 강행규범 청구권이 포함되어 있는지에 관해서는, 해당 협정이 규율하는 사실관계나 협정 배경 등을 종합하여 case by case로 파악할 수 있을 것이다.

요컨대, "모든 일괄타결협정은 인권 강행규범 청구권을 협정 대상에 포함하고 있다"고 단정한다면 그 표현은 맞다고 볼 수 없을 것이나, "일괄타결협정 중에는 인권 강행규범 청구권을 협정 대상에 포함하고 있는 경우도 존재한다"는 표현만큼은 틀리지 않을 것이다.

위와 같이 인권 강행규범 청구권까지 적용 대상으로 포함하는 일괄타결협정이 가능하고, 실제로 그러한 협정이 많을 수밖에 없는 현실은, 다른 말로 표현하면 인권 강행규범의 유일한 권리 주체인 피해자 개인의 동의도 없이 해당 협정을 통해 인권 강행규범 청구권을 포기시키거나 재판상 행사할 수 없게 하는 일이 실제로도 벌어지고 벌어질 수 있음을 의미한다.

필자 주장의 골자는, 위와 같은 결론은 강행규범의 관점에서 받아들일 수 없다는 것이다. 즉, 단지 '어떻게 국가가 개인의 동의도 없이 그 권리를 함부로 손댈 수 있는가?'라는 직관적 의문을 넘어, 그러한 의문이 현 국제법 흐름상으로도 적절하고 유효함을 피력하는 것이다.

2. 구체적 접근

가. 강행규범과 충돌하는 조약의 무효

자 이제 구체적으로 왜 인권 강행규범 청구권을 적용 범위로 포함하는 일괄타결협정이 국제법상 효력을 부여받을 수 없는지 본격적으로 설명한다.

일괄타결협정이 앞서 설명한 바와 같이 조약인 이상, 조약의 법리를 적용받는다는 것은 의문이 없다. 그런데, 조약과 관련하여 현재 관습국제법으로 받아들여지고 있는 확립된 법리가 있다. 바로 "강행규범과 충돌하는 조약은 무효"라는 법리이다. 필자는 위 법리를 토대로 첫 번째 관점을 만들었다.

어떤 조약이 강행규범과 충돌할 때 효력이 없다는 것은 지금까지 설명한 강행규범의 이탈 불가성, 보편성, 규범 우월성을 고려할 때 쉽게 이해될 수 있을 것이다. 즉, 강행규범은 국제사회 구성원 누구도 어길 수 없고 지켜야 하므로, 국가들이 강행규범과 어긋나는 조약을 체결하였을 때 그 조약의 효력을 인정하지 않는 것은 어찌 보면 자연스러운 결론에 해당한다.

위와 같은 "강행규범과 충돌하는 조약의 무효"가 현재 관습국제법으로 인정되고 있다는 것은, 언제 만들어지고 어떻게 만들어지든, 어떤 조약도 강행규범과 충돌하면 효력이 없다는 법적 확신과 국가 관행이 형성된 상태라는 의미이다.

관습국제법상 위 조약의 무효 법리는 두 가지 상황으로 구성된다.

첫째, 어떤 조약 체결 당시 그와 충돌하는 강행규범이 이미 존재하는 경우이다. 이를 이 책에서는 '체결한 때부터 충돌'로 표시한다. 조약 체결 당시 이미 그와 충돌하는 강행규범이 있으므로 체결과 동시에 강행규범과 충돌할 수밖에 없다는 관점에서 이해하면 쉽다. 이 경우 그 조약은 "체결 당시부터 무효"이다.

둘째, 어떤 조약 체결 후 그와 충돌하는 강행규범이 비로소 출현한 경우이다. 이를 이 책에서는 '출현한 때부터 충돌'로 표시한다. 어떤 조약이 체결될 때에는 그와 충돌하는 강행규범이 없다가 나중에 나타난 경우이다. 이때 충돌은 그 강행규범의 출현 시기부터 생길 수밖에 없다는 관점에서 이해하면 쉽다. 이 경우 해당 조약은 그때부터, 즉 "강행규범이 출현한 때부터 장래적으로 무효"이다.

'체결한 때부터 충돌' 상황과 '출현한 때부터 충돌' 상황의 가장 큰 차이점은, 후자의 경우 체결 당시부터 무효가 아니라 충돌하는 강행규범이 출현한 때부터 비로소 미래를 향해서만 효력을 상실하기 때문에, 출현 전까지 해당 조약을 통해 이미 만들어진 모든 것들의 효력이 유지된다는 것이다. 즉, 무효가 소급해서 적용되지 않는다는 특징이 있다.

한편, '출현'은 지금까지 설명과 같이 '국제사회가 해당 규범을 강행규범으로 수락·인정하게 된 상황'을 의미한다.

다만, 이 지점에서 과연 위 강행규범과 충돌하는 조약의 무효 법리가 진정으로 실제 실무에 적용되고 있는가에 관해 의심을 할 수 있을 것이다. 정말 국가 간 정식으로 체결한 합의를 강행규범과 충돌한다는 이유로 무효로까지 보고 있는지 의문을 품을 독자들이 없지 않을 것으로 추측한다.

그 답은 '실제로 적용되고 있다'는 것이다. 예를 들어 미주인권재판소(IACtHR)는 1762년 수리남 지역에 존재하던 한 부족과 네덜란드 사이에 체결된 협약과 관련하여, "해당 협약을 조약이라고 본다면, 그 후 형성된 노예 금지의 강행규범으로 인해 해당 협약은 효력을 상실한다"는 취지로 판단하였다. '출현한 때부터 충돌' 법리를 적용한 것이다.

더욱이 ILC는 위와 같은 충돌·무효 법리가 실제로 적용되고 있음을 명시적으로 확인하고 있다. 즉 "충돌·무효 법리의 적용이 흔한 것은 아니지만, 그 이유는 어디까지나 국가들이 통상적으로 강행규범과 충돌하는 조약을 체결하지 않기 때문이지 해당 법리가 국가들에 의하여 받아들여지지 않기 때문은 아니다. UN 총회결의를 비롯하여 국제사회는 해당 법리의 효력을 계속 승인해 왔다. 이를 반영한 여러 국내/국제재판소 판례도 확인할 수 있다"는 취지로 설명한다.

나. 인권 강행규범과 충돌하는 일괄타결협정의 무효

'강행규범과 충돌하는 조약의 무효'는 '인권 강행규범과 충돌하는 일괄타결협정의 무효'로 이어진다. 일괄타결협정도 조약이기 때문이다.

즉, 어떤 일괄타결협정 체결 당시 그와 충돌하는 인권 강행규범이 이미 존재하는 경우 그 일괄타결협정은 '체결한 때부터 충돌' 법리가 적용되어 체결 당시부터 무효이다. 다음으로 어떤 일괄타결협정 체결 후 그와 충돌하는 인권 강행규범이 출현한 경우 그 일괄타결협정은 '출현한 때부터 충돌' 법리가 적용되어 출현한 때부터 장래적으로 효력을 상실한다.

여기까지는 쉽게 이해되었으리라 믿는다. 이제부터 설명하는 것은 위 법리를 응용한 것이다.

1) '체결한 때부터 충돌' 상황의 일괄타결협정

'체결한 때부터 충돌' 법리가 적용되는 상황, 즉 어떤 일괄타결협정이 체결 당시 이미 존재하는 인권 강행규범과 충돌하는 상황이 과연 어떤 경우일까? 이를 알려면 먼저 '충돌'의 의미부터 알 필요가 있다.

'충돌'과 관련하여, 국제법 학계, 실무를 통틀어 현재까지 이 충돌의 의미나 유형에 관하여 체계적인 접근이나 분석은 없는 것으로 파악된다. Draft Conclusion도 이에 관한 설명은 없다. '충돌' 개념이 강행규범을 포함하여 국제법에서 갖는 중요성을 고려할 때 의아스러운 부분이기는 하나, 결국 법률용어 해석의 원칙으로 돌아가 사전적, 통상적 의미를 토대로 접근하면 될 것이다.

그 연장선에서 '서로 맞부딪치거나 맞선다'는 사전적 의미를 갖는 충돌은, 법적으로 표현한다면 강행규범의 대표 전문가들 중 1명인 Alexander Orakhelashvili 교수의 설명과 같이 "각 규범이 갖는 효력이나 필요적 결과가 맞부딪쳐 양립할 수 없는 상태"를 나타낸다고 정의할 수 있다. Orakhelashvili 교수의 위 설명은 충돌의 사전적 의미에 충실한 해석일 뿐만 아니라 무리한 확장·비약이 없다. 이에 이 책에서는 위 충돌 개념을 따른다.

위와 같은 충돌의 의미를 염두에 두고 충돌의 구체적인 유형을 살펴본다. 이 책에서는 노예 금지 강행규범과 조약을 가지고 설명한다.

먼저 충돌의 첫 번째 유형으로서 조약이 '노예를 허용한다'는 내용을 포함하고 있는 경우이다. 물론 현대에서는 찾아보기 어려운 조약 유형에 해당하나, 과거에는 노예무역 등 노예 허용을 전제로 한 조약이 상당수 체결되었음을 확인할 수 있기에 황당한 설정은 아님을 기억하기 바란다. 앞서 설명한 미주인권재판소(IACtHR)의 사례를 보면 알 수 있다.

위와 같은 조약의 경우에는 조약에 드러난 내용만으로도 해당 조약과 노예 금지 규범 사이에 충돌이 있음을 누구나 알 수 있다. 위 조약의 효력 및 필요적 결과인 '노예 허용'이 노예 금지 규범의 효력 및 필요적 결과와 양립할 수 없음이 명백하기 때문이다.

다음으로, 충돌의 두 번째 유형으로서 조약에 드러난 표면적 내용만으로는 노예 금지 규범과의 충돌이 명백하지 않으나, 조약의 전체 맥락이나 내용을 종합할 때 "그 조약의 효력 및 필요적 결과가 노예 금지 강행규범의 효력 및 필요적 결과와 양립할 수 없는 경우"이다.

이 경우에도 위 충돌의 정의에 의할 때 역시 두 규범(노예 금지 규범과 해당 조약) 사이에는 충돌이 존재한다. 현재 체결되는 조약 중 강행규범과 충돌이 문제되는 유형은 사실상 위 두 번째 유형에 한정될 것이다. 첫 번째 유형과 같이 강행규범과 대놓고 충돌하는 내용을 담은 조약이 체결되는 상황은 거의 발생하지 않을 것이기 때문이다.

이제 위 충돌 유형을 토대로 일괄타결협정 A와 그 체결 당시부터 이미 존재하는 인권 강행규범 B를 상정한다. 즉, A가 체결될 당시 이미 B 인권 강행규범이 존재하는 상황이다. 나아가 협정의 체결 경위나 사실관계를 종합할 때 A는 B 위반에 따른 회복청구권까지 포함하는 협정이라고 아울러 전제한다.

필자는 위와 같은 A 일괄타결협정과 B 인권 강행규범이 바로 위 두 번째 충돌 유형에 해당한다는 시각을 가지고 있다. 표면적으로는 명백하지 않으나, A 일괄타결협정에 포함된 'B 인권 강행규범 청구권에 관한 포기 합의 또는 부제소 합의 부분'의 효력 및 필요적 결과가 B 인권 강행규범의 효력 및 필요적 결과와 양립할 수 없다고 해석되기 때문이다.

이해를 돕기 위해 좀 더 설명한다. 포기 합의이든 부제소 합의이든, B 인권 강행규범 청구권을 포함하는 A 일괄타결협정의 효력 및 필요적 결과는 'B 인권 강행규범 피해자의 동의 없이 해당 청구권을 소멸시키거나(포기 유형) 그 재판상 행사를 금지시키는(부제소 합의 유형) 것'이다. 그런데 이는 B 인권 강행규범의 효력이나 필요적 결과의 핵심에 해당하는 '피해자 개인이 B 인권 강행규범 침해에 대한 회복청구권을 갖고, 자신의 의사에 따라 그에 대한 처분권 및 행사권을 갖는 것'과 양립할 수 없다는 취지이다.

좀 더 결정적으로 전달하기 위해, 이번에는 위 B 인권 강행규범을 노예 금지 강행규범으로 바꾸고, A 일괄타결협정을 부제소 합의 유형으로 특정한다. 즉, '노예 금지 청구권에 관한 부제소 합의'를 포함하고 있는 일괄타결협정을 예로 들어 다시 한 번 설명한다.

위 일괄타결협정의 효력 및 필요적 결과는 '노예 금지 피해자들의 동의 없이 그 재판청구권을 행사할 수 없게 하는 것'이다. 한편 노예 금지 강행규범의 효력 및 필요적 결과는 '노예 금지 피해자들이 재판청구권을 포함하여 위반에 따른 회복청구권을 자유롭게 처분·행사하는 것'을 핵심으로 한다. 따라서 위 일괄타결협정과 노예 금지 강행규범의 효력 및 필요적 결과가 서로 맞부딪쳐 양립할 수 없다는 결론을 얻을 수 있다는 취지이다.

위 논리에 따른 종착점은 명료하다. 즉, 위와 같이 A 일괄타결협정이 체결될 당시 이미 B 인권 강행규범이 존재하고, A의 적용 범위에 B 인권 강행규범 청구권이 포함되어 있다고 해석될 경우에는, A 일괄타결협정은(포기 합의 형태이든 부제소 합의 형태이든) B 인권 강행규범과 충돌하는 합의를 포함하고 있는 것이다. 따라서 앞서 본 '체결한 때부터 충돌' 법리에 따라 'A 일괄타결협정 체결 당시부터 무효'라는 결론을 얻는다.

한편, 이에 대해 Erika De Wet 교수의 견해처럼 인권 강행규범의 효력 및 필요적 결과에 '위반에 따른 개인의 회복청구권 실현'까지 포함하지는 않는다는 취지의 입장을 발견할 수 있다(다만, Erika De Wet 교수의 위 입장은 2004년 논문에서 나온 것이다. 따라서 해당 교수가 그로부터 18년이 지난 현재 시점에서도 마찬가지 입장인지는 알 수 없다. 오히려 현 시점인 2022년을 기준으로 위와 같은 주장을 단정적으로 하는 학자들을 쉽게 발견하기는 어려운 상황이다).

위 주장의 골자는, 그러한 회복청구권 인정을 아직까지 법의 영역, 바꾸어 표현하면 관습국제법으로 보기는 어렵다는 것을 근거로 한다. 즉, 인권 강행규범이 인정된다고 하여 그 개인 피해자들이 재판상 청구를 포함하여 직접 회복을 구할 권리까지 인정되는 것은 아니라는 취지이다.

이 견해에 따른다면 충돌은 없다고 보게 될 것이다. 예를 들어, 위 주장에 따르면 위 사례에서 B 인권 강행규범의 효력 및 필요적 결과에 피해자의 회복청구권까지 포함되지는 않는다는 것이므로, 그 회복청구권을 행사 못 하게 하는 것을 효력 및 필요적 결과로 하는 A 일괄타결협정이 있더라도 A, B 사이에 맞부딪칠 상황은 발생하지 않을 것이기 때문이다.

그러나, 강행규범을 단순한 도덕 규범이나 정책 방향이 아닌 앞서 설명한 주류적 시각과 같이 국제법 규범, 즉 특수한 유형의 관습국제법으로 인정한다면, 그 위반에 따른 회복청구권도 관습국제법의 영역에 해당한다고 볼 수밖에 없다.

즉, 법 규범이 법 규범인 이유는 다름 아닌 규범 위반에 대한 강제적 회복절차를 수반함이 핵심이므로, 인권 강행규범을 관습

국제법으로 인정하는 한 그 위반에 따른 피해자 개인의 회복청구
권 인정 또한 역시 관습국제법으로 보호받는 대상이라는 결론밖
에 얻을 수 없게 되는 것이다.

피해자 기본원칙은 바로 위와 같은 피해자 회복청구권의 관
습국제법성을 지지·확인한 문서이다. 정리한 바와 같이 피해자
기본원칙은 국제범죄에 해당하는 심각한 인권 침해에 대한 피해
자의 회복청구권이 관습국제법으로 보호받는 영역임을 확인하고
있다.

이는 무엇보다도 피해자 기본원칙의 핵심 설계자들 중 1명인
Theo Van Boven 교수의 설명에서도 확인된다. 그는 피해자 기
본원칙에서 규정한 피해자의 회복청구권이 관습국제법으로 보호
받는 영역임을 전제로, "회복청구권은 절차적 측면과 실체적 측면
을 모두 갖고, 그중 절차적 측면은 국내 재판절차를 어떠한 방해
도 받지 않고 평등하게 이용함을 핵심으로 한다"는 취지로 설명
한다.

이뿐만이 아니다. 구 유고 국제형사재판소(ICTY)는 고문 금지
가 강행규범이라는 사실 자체로 여러 효과를 직접적으로 발생시
킨다면서 그 효과들 중에 피해자의 가해자 측을 상대로 한 재판
절차 진행도 포함됨을 명시하고 있다. 인권 강행규범의 효력 및
필요적 결과에 재판청구권과 같은 피해자 개인의 회복청구권이
포함됨을 넉넉히 뒷받침할 수 있는 내용들에 해당한다.

물론 왜 Erika De Wet 교수와 같은 견해가 나오는지 이해가
가는 측면은 있다. 인권 강행규범 위반에 대한 개인의 회복청구
권을 인정했을 때 예상할 수 있는 부작용에 초점을 맞춘 것으로
보인다.

예를 들어 개인이 국제범죄 피해에 대해 직접 회복청구권을 갖는다고 보면 수많은 청구가 여러 국제/국내재판소에 제기될 것이고, 그로 인해 국가들은 적지 않은 재판의 부담에 노출될 여지는 있다. 실제로 이러한 측면을 강조하여 "개인에게 직접 청구권을 인정하는 것은 바람직하지 않고 어디까지나 국적국을 통한 간접적 권리 행사만이 허용되어야 한다"는 주장을 제기하는 Christian Tomuschat 교수의 견해도 확인할 수 있다.

그러나, 위와 같은 접근방법은 무엇보다도 법이 아닌 정치·외교적 시각이라는 한계를 갖는다. '현실이 그러니까 어쩔 수 없다'는 이야기를 하고 있을 뿐이다.

나아가 본질적으로는, 개인의 행복을 위해 국가가 존재하는 것이지 국가의 행복을 위해 개인이 존재하는 것은 아니라는 점을 기억할 필요가 있다. 홉스 등의 사회계약론을 굳이 빌리지 않더라도 개인과 국가의 관계는 위와 같이 보는 것이 맞다. 인권을 짓밟힌 개인이 있는데 가해자인 국가의 편의를 고려하여 그 개인의 권리 행사를 자제시켜야 한다는 논리는, 적어도 현대를 살아가는 우리들의 가치 체계와는 어긋난다. 그 국가는 충분히 불행해질 필요가 있다.

특히 강조하고 싶은 것은, 위와 같은 태도야말로 국제범죄나 인권 강행규범 위반을 묵인하고 조장하는 역할을 할 수 있다는 점이다. 즉, 2022년 러시아의 우크라이나 침략·살상과 같은 믿을 수 없는 만행들이 지금도 버젓이 진행되고 있는 데 한 몫을 하고 있다고 생각한다. 쉽게 말해, 피해자 개인을 아무런 목소리도 낼 수 없는 국가의 껍딱지 정도로 생각하기에 국가들 간 상호 국민을 아무렇게나 살상하는 현실이 지금도 벌어지고 있다고 분석한다. 유일한 이유는 아닐지라도…

요컨대, 개인이 실제로도 힘을 행사할 수 있는 온전한 국제법 주체이고, 그것이 법의 보호 대상이라는 인식이 국제사회 구성원 모두에 뿌리박힐 때 비로소 개인의 인권에 대한 존중과 보호가 가능해질 수 있어 보인다. 그것이 법의 역할이고, 강행규범의 역할이다.

다행히도, 현재 국제법의 분명한 흐름은 인권 강행규범 위반에 따른 피해자의 회복청구권을 단순한 도덕이 아닌 법의 영역으로 보고 있음을 알 수 있기에 우리는 희망을 가질 수 있다. 이 책을 지금까지 읽어온 독자라면 필자의 위 설명이 단순한 궤변이 아님을 확인하였으리라 믿는다.

2) '출현한 때부터 충돌' 상황의 일괄타결협정

지금까지 '체결한 때부터 충돌' 상황을 살펴보았다. 이제부터는 '출현한 때부터 충돌' 상황을 살펴본다. 다시 A, B를 사용한다면, A 일괄타결협정 체결 후 B 인권 강행규범이 출현하고, A의 적용 범위에 B 인권 강행규범 청구권이 포함된다고 해석되는 경우이다.

앞서 나온 '체결한 때부터 충돌' 상황을 정확히 이해한 독자라면 이 부분은 쉽게 이해될 것이다. 그렇다. 위 사례의 경우 B 인권 강행규범의 출현 시기부터 A 일괄타결협정은 장래를 향해 효력을 상실한다.

한편 여기서 어떤 독자들은 "A 일괄타결협정 당시 B 인권 강행규범이 없었는데, 어떻게 그 위반에 따른 청구권이 A의 적용 범위에 포함된다고 볼 수 있는가?"라는 의문을 제기할 수 있을 것으로 본다. 충분히 나올법한 의문이다.

이에 대해 B 인권 강행규범을 '제노사이드 금지 강행규범'으로 특정하고 설명한다.

제노사이드를 충족하는 행동, 예를 들어 '어떤 한 종교집단을 절멸하기 위한 집단살해'는 기원전에도 있었고, 11세기에도 있었으며, 현재에도 발생한다. 즉, 제노사이드 금지 강행규범이 언제 출현했는지에 관계없이 우리가 현재 제노사이드로 부르는 행동들은 계속 발생해왔다.

그리고 그 금지가 단순한 도덕 규범을 넘어 강제적 회복절차를 수반하는 법 규범이라는 인식과 그에 따른 절차 진행은 오래전부터 있어 왔다. 다만, 제노사이드 금지가 강행규범으로 인정되기 전까지는 '제노사이드 금지'라는 이름의 강행규범 위반으로 취급되지 않았을 뿐이다.

그 연장선에서, 제노사이드 금지 강행규범의 출현 전에 체결된 A 일괄타결협정이 적용 대상으로 '가해국이 피해자들에게 저지른 제노사이드 요건을 충족하는 행동들'까지 포함하는 것으로 해석된다면, A 협정은 그와 관련한 모든 회복청구권도 소멸시키거나 행사하지 못하도록 한 협정이 된다.

그런데 그 후 제노사이드 금지 강행규범이 출현하였다면, A 일괄타결협정에 포함된 그와 관련한 청구권은 '제노사이드 금지 강행규범 위반에 따른 청구권'으로 정체성이 특정된다. 그렇기에 A는 그때부터는 제노사이드 금지 강행규범 위반에 따른 회복청구권까지 협정 대상에 포함시킨 협정이 되는 것이다.

3. 필자의 논리에 힘을 실어주는 것들

가. Cançado Trindade 재판관의 입장

현직 ICJ 재판관인 Cançado Trindade 재판관이 2012년 국가 면제 판결의 반대의견에서 명시한 다음과 같은 법리는, 위 논리와 접점을 갖는다.

> 국가들은 협정을 통해 자신들의 권리를 포기할 수는 있으나, 국민들이 자신들에 대한 심각한 권리 침해를 회복하기 위하여 갖는 개인적 회복청구권을 포기할 수는 없다. 이러한 포기는 국제공서에 반하여 강행규범 위반에 해당한다.6)

즉, 위 내용은 심각한 인권 침해에 따른 개인의 권리를 국가가 마음대로 포기하는 경우 그 자체로 강행규범 위반이 된다는 것을 핵심으로 한다.

현직 ICJ 재판관으로서 그만큼 큰 영향력을 가지고 있는 Cançado Trindade의 위 논리는 필자의 논리를 설득력 있게 뒷받침한다. 물론 관습국제법인 충돌·무효 법리를 토대로 논리를 만든 필자의 설명 구조와 동일한 것은 아니지만, '국가가 개인의 권리를 함부로 손댈 수 없다'는 기본 바탕에서는 맥을 같이 하기 때문이다.

---

6) Jurisdictional Immunities of the State (Germany v. Italy; Greece Intervening), ICJ Judgement (2012), Dissenting opinion of Judge Trindade, para. 72.

나. 민법 제103조

필자의 논리는 '선량한 풍속 기타 사회질서에 위반한 사항을 내용으로 하는 법률행위는 무효로 한다'는 우리 민법 제103조를 통해서도 설득력 있게 뒷받침될 수 있다.

인권 강행규범 청구권을 피해자의 동의도 없이 실체적으로나 재판상 행사할 수 없도록 한 국가 간 합의는, 우리나라 국민들 사이의 법률관계로 바꾼다면 'A가 B로부터 돈을 받기로 하면서 B가 A의 미성년 자식 C에게 저지른 반인륜 범죄행위를 C의 동의도 없이 문제 삼지 않기로 함으로써 C의 회복청구권을 박탈한 합의'와 유사하다. 물론 여기서 A는 일괄타결협정상의 피해자 국적국이고, B는 일괄타결협정상의 가해국이며, C는 피해자를 의미한다.

위와 같은 A, B 사이의 합의는 우리 민법 제103조의 무효에 해당한다. A가 C의 부모로서 C에 대한 법정대리권이 존재하고 그 관계의 특수성을 고려한다 하더라도, 우리 민법 제103조의 무효 유형에 해당하기 때문이다.

보다 구체적으로 설명한다. 민법 제103조의 무효 유형으로 민법 교과서에서 일반적으로 제시되는 것이 '정의 관념에 반하거나 인륜에 반하는 행위 또는 개인의 자유를 지나치게 제한하는 행위'이다.

그런데 위 A, B 사이의 합의는 C의 권리 주체성을 완전히 무시한 것일 뿐만 아니라 반인륜범죄를 원인으로 한 회복청구권을 대상으로 한 합의로서, A와 C의 특별한 관계를 고려하더라도 '정의 관념에 반하거나 인륜에 반하는 행위 또는 회복청구권 행사에 관한 C의 자유를 지나치게 제한하는 행위'에 포함된다.

이와 관련, 피해자 국적국과 피해자의 관계를 A, C와 같이 부모와 미성년 자식의 관계로 상정한 이유는, 국가와 개인의 관계를 부모와 미성년 자식의 관계로 비유하여 설명한 몇몇 학자들(Hobbes, Kant 등)의 이론을 참고하였다.

물론 현대 국제법상 국가와 국민의 관계를 정확히 반영하고 있다고 볼 수는 없으나, '국가/국민'이든 '부모/미성년 자식'이든 원칙적으로 선택권 없이 운명적으로 결정된 관계라는 점이나 국민이든 미성년 자식이든 상당 부분을 국가나 부모에게 의존·위임할 수밖에 없다는 점에서 유사한 측면이 없지 않기에 위와 같은 설명 방식을 택했다. 만일 A와 C의 관계를 위와 같이 보지 않고 단순한 남남으로 본다면, A, B 사이의 합의가 무효임은 더더욱 설명이 필요 없을 것이다.

민법 제103조를 활용한 위와 같은 접근 방식은 필자의 논리를 뒷받침하는 데 이해하기 쉬우면서도 유의미한 힘을 제공할 수 있다고 생각한다. 이와 관련, 위와 같이 국내법상 공서 규정을 토대로 강행규범 법리와의 유사성을 분석하는 방법은 필자만의 독자적 설명 방식이 아니라, 한 외국 문헌의 표현을 빌리자면 강행규범과 관련하여 "가장 효과적으로 사용되는 방법"으로 소개되고 있다.[7]

---

7) Gordon A. Christenson, "Jus Cogens: Guarding Interests Fundamental to International Society," Virginia Journal of International Law, Vol. 28 (1987−1988), p.597 ('The justification most effectively used ... is the analogy drawn from the public order override of the State under municipal law').

제3절 두 번째 관점 - 일괄타결협정에 인권 강행규범 청구권은 포함될 수 없다는 시각

필자의 두 번째 관점이다.

앞서 본 첫 번째 관점은 일괄타결협정이 '모든 청구권'을 대상으로 함을 전제로 한다. 즉, '모든 청구권'을 대상으로 하므로, 당연히 인권 강행규범 청구권도 포함될 수 있다는 것을 전제로 한다.

그런데 지금부터 설명하는 두 번째 관점은 위와 같은 전제를 허무는 180도 다른 각도에서의 접근이다. 즉, 아예 일괄타결협정은 인권 강행규범 청구권을 대상으로 삼을 수 없다는 새로운 시각을 제시한다.

이렇게 보면 첫 번째 관점과 달리 일괄타결협정을 무효로 보지 않고도 인권 강행규범 피해자들의 회복청구권을 인정할 수 있게 된다. 협정에 포함될 수 있는 대상 자체가 아니라고 보기 때문이다.

가. 비엔나협약 제31조 제3항 (c)호의 '국제법의 관계규칙'으로서의 인권 강행규범

'모든 청구권'이라는 용어가 일괄타결협정 안에 존재함에도, 그 범위에 '인권 강행규범 청구권'은 포함될 수 없다고 보는 필자의 두 번째 관점은 조약 문언에 부합하지 않는 측면은 있다.

그러나 한편, 조약을 해석함에 있어 문언에만 입각한 해석이 항상 유일한 정답이라고 볼 수는 없다. 조약의 해석에 관하여 문언의 사전적 의미를 파악하는 데 중점을 두는 '문언주의 입장'이 있지만, 그와 함께 조약 당사국의 의사를 고려하는 '의사주의 입장', 변화하는 현실 세계를 반영하도록 조약의 대상과 목적을 고려하여 유연한 해석을 강조하는 '목적주의 입장'이 있는 점을 고려하더라도 그러하다.

이와 관련, 관습국제법을 반영한 비엔나협약 제31조도 아래와 같이 조약은 위 세 가지 입장을 조화하여 해석하여야 한다는 취지이다.

> 제31조(해석의 일반규칙)
> 1. 조약은 조약문의 문맥 및 조약의 대상과 목적으로 보아 그 조약의 문언에 부여되는 통상적 의미에 따라 성실하게 해석되어야 한다.
> 2. 조약의 해석 목적상 문맥은 조약문에 추가하여 조약의 전문 및 부속서와 함께 다음의 것을 포함한다.
>   (a) 조약의 체결에 관련하여 모든 당사국 간에 이루어진 그 조약에 관한 합의
> 3. 문맥과 함께 다음의 것이 참작되어야 한다.
>   (c) 당사국 간의 관계에 적용될 수 있는 국제법의 관계규칙(any relevant rules of international law applicable in the relations between the parties).

그중에서도 위 제31조 중 '당사국 간의 관계에 적용될 수 있는 국제법의 관계규칙(제31조 제3항 (c)호)'에 주목한다. 적혀 있는 그대로 '조약을 해석할 때에는 반드시 그와 관련한 국제법의 관계규칙을 참작하라'는 취지이다. 그 연장선에서, 어떤 일괄타결협

정을 해석할 때에도 그와 관련한 국제법의 관계규칙을 참작해야만 하는 것이다. 그렇다면, 강행규범은 일괄타결협정을 해석함에 있어 그와 관련한 국제법의 관계규칙인가?

먼저, 강행규범이 위 조항의 '국제법'에 포함됨은 의문의 여지가 없다. 다음으로 '관계규칙' 여부와 관련하여서도, 일괄타결협정이 핵심 내용으로 개인의 회복청구권을 다루고, 앞서 설명한 바와 같이 그 특성상 인권 강행규범과 접점을 가지는 점, 강행규범이 최상위 규범성으로 인해 하위 규범인 조약의 해석 지침이 되는 것이 규범 서열의 관점에서도 타당한 점 등을 고려하면, 강행규범, 그중에서도 인권 강행규범은 일괄타결협정의 해석에 항상 적용되는 관계규칙이라는 결론을 얻는다.

이는 무엇보다도 ILC에 의하여 뒷받침된다. 즉, ILC는 Draft Conclusion에서 "강행규범은 조약과 관련하여 그 해석에 반드시 참작되어야 하는 비엔나협약 제31조 제3항 (c)호의 관계규칙"이라고 단언하였다.

요컨대, 인권 강행규범 법리는 일괄타결협정의 해석과 관련하여 언제나 참작되어야 하는 '국제법의 관계규칙'에 해당한다.

나. 적용

위와 같이 일괄타결협정의 해석에 인권 강행규범 법리를 참작하여야 한다는 것은, 일괄타결협정상 '모든 청구권'의 범위에 관한 해석에서 인권 강행규범 청구권은 포함시킬 수 없다는 실천적 의미를 갖는다. 그리고 그러한 해석의 가능성은 시에라리온 특별재판소(SCSL)가 아래와 같이 이미 제시한 바 있다.

현재 국제법상 어떤 정부도 국제법상 중대 범죄를 저지른 사람들에 대한 사면(赦免)을 해서는 안 된다는 법리가 존재한다. 이는 모든 국가들이 강행규범 위반 범죄에 대한 기소 의무를 갖는다는 국제법 법리와 연결되는바, 이 연장선에서 UN 특별 보좌관은 UN의 입장, 즉 Lomé Agreement 사면 조항의 적용 범위에 제노사이드, 인도에 반하는 죄, 전쟁범죄를 포함한 국제인도법의 중대한 위반 범죄는 제외되는 것으로 해석하는 입장을 공식적으로 확인하였다.[8]

위 판결에 언급된 Lomé Agreement는 1990년대 시에라리온 내전 당사자들 사이에 이루어진 일종의 평화협정으로서 제9조에 관련 범죄자들에 대한 사면을 규정하고 있다.

SCSL은 어떤 국가도 강행규범 위반 범죄를 사면 대상으로 삼을 수 없음을 전제로, 위 협정 제9조는 사면의 대상에서 제노사이드, 인도에 반하는 죄 등을 내용으로 하는 강행규범 위반 범죄는 제외시킨 것이라고 해석한 UN 입장을 지지하고 있다. SCSL은 그러한 판단 아래 해당 사건의 피고인 Gbao의 사면 주장을 배척하였다. Gbao가 강행규범 위반 범죄를 저질렀다는 이유에서다.

위 SCSL의 판시 내용은 일괄타결협정의 해석에 있어서도 지침을 제공한다. 즉, 사면 조항 문언상으로는 그 범위에 아무런 제한이 없음에도, 위와 같이 '강행규범 위반 범죄'에 대한 사면은

---

8) Prosecutor v. Gbao, Decision on Preliminary Motion on the Invalidity of the Agreement between the United Nations and the Government of Sierra Leone on the Establishment of the Special Court for Sierra Leone, SCSL−04−15−PT−141, paras 9−10.

제외되는 것으로 축소 해석을 함으로써 강행규범 위반 범죄자들에 대한 처벌이 가능하도록 한 것이다.

나아가 Anne Lagerwall 교수의 견해도 위 논리의 설득력을 뒷받침한다. 일괄타결협정에 관한 것은 아니지만, 그녀는 "어떤 조약이 'any necessary measures to prevent the perpetuation of terrorist attacks(테러 공격을 막기 위한 모든 필요한 수단)' 문구를 포함하고 있을 경우, 비엔나협약 제31조 제3항 (c)호에 의할 때 '모든 필요한 수단'에 고문 행위는 포함되지 않는다는 해석만이 가능하다"고 설명한다.

즉, 고문 금지 강행규범이 '국제법의 관계규칙'으로서 '모든 필요한 수단'의 해석에 참작되어야 하므로, 고문 행위는 '모든 필요한 수단'에서 제외되어야 한다는 논리를 펴고 있다.

요컨대, 일괄타결협정의 해석과 관련하여 강행규범은 비엔나협약 제31조 제3항 (c)호의 '국제법의 관계규칙'에 해당한다. 따라서 그 연장선에서 "일괄타결협정의 '모든 청구권'에 인권 강행규범 청구권은 포함될 수 없다"는 논리가 만들어진다. 언젠가는 학계와 실무의 지지를 얻을 수 있을 것이라고 기대해본다.

제4절 청구권협정으로의 적용

이제 청구권협정을 다룬다. 다루는 방법은 지금까지 설명한 필자의 두 가지 관점을 그대로 사용하는 것이다. 이 책을 정독해 온 독자라면 이미 이 지점에서 어떤 결론이 나올지 알 수 있을 것으로 기대한다.

이야기를 펼쳐나가는 과정은 아래와 같다.

먼저 앞서 소개하였던 강제징용 관련 2018년 전원합의체 판결이 인정한 징용청구권과 두 위안부 판결들 중 1월 판결에서 인정한 위안부청구권의 성격 규명을 통해, 이 청구권들이 인권 강행규범인 노예 금지, 인도에 반하는 죄 금지 위반에 따른 회복청구권임을 밝혔다. 참고로 일본의 국가면제를 인정한 4월 판결은 일본을 재판할 수 없다고 보았기에 어떤 위안부 피해가 있었는지에 대해서는 따로 판단하지 않았다.

다음으로 청구권협정이 일본 주장과 같이 부제소 합의 유형의 일괄타결협정임을 전제로, 앞서 본 필자의 두 가지 관점을 바탕으로 청구권협정을 바라보았다.

첫째, 청구권협정은 '출현한 때부터 충돌' 법리의 적용 대상이므로, 현재로서는 무효라는 관점이다. (1) 청구권협정은 위와 같이 노예 금지, 인도에 반하는 죄 금지 위반에 따른 회복청구권도 협정 대상에 포함시킨 부제소 합의 유형의 일괄타결협정이고, (2) 두 인권 강행규범이 청구권협정 체결 당시에는 출현하지 않았으나 아무리 늦게 잡더라도 2010년대 초반부터는 출현하였음을 이유로 한다.

둘째, 청구권협정의 적용범위에는 징용·위안부청구권이 포함될 수 없다는 관점이다. 해당 청구권들은 위와 같이 두 인권 강행규범 위반에 따른 청구권으로서, 비엔나협약 제31조 제3항 (c)호에 의할 때 청구권협정의 적용 대상이 될 수 없다는 이유에서다.

한편, 위와 같이 청구권협정을 두 관점에서 분석하는 것은 서로 양립할 수 없는 측면이 있다. 첫 번째 관점은 청구권협정의 무효를, 두 번째 관점은 청구권협정의 유효를 바탕으로 하기 때문이다. 그러나 오히려 우리에게는 두 가지 관점 모두 활용할 수 있는 장점을 부여하고, 대법원의 2018년 전원합의체 판결과도 상생할 수 있게 한다. 이 절 끝머리에는 필자가 생각하는 그러한 효용성에 대해서도 덧붙여 언급하였다.

1. 징용청구권과 위안부청구권의 인권 강행규범 청구권적 성질

먼저 징용청구권의 경우, ① 이송 및 배치 등의 과정은 일본 군인 및 경찰 등의 통제 아래 이루어졌고, 작업 환경이나 근무 여건은 극히 열악하였던 사실, ② 피해자들은 하루 작업을 마치면 공동 숙소로 돌아가 숙식을 해결하였는데, 식사의 양이나 질은 현저히 부실하였고, 숙소도 다다미 12개 정도의 좁은 방에서 10~12명의 피징용자들이 함께 생활하는 등 수용생활과 다름이 없었던 사실, ③ 숙소 주변에는 철조망이 쳐져 있었고 근무시간은 물론 휴일에도 헌병, 경찰 등에 의한 감시가 삼엄하여 자유가 거의 없었으며, 일부 피해자들은 도망 시도가 발각되어 심한 구타와 식사 미제공 등의 비인간적 탄압을 받았던 사실, ④ 한반도에 남아 있는 가족들과의 서신 교환도 사전검열에 의하여 그 내용이 제한되었던 사실 등을 알 수 있다.

다음으로 위안부청구권의 경우에도, ① 당시 일본은 태평양전쟁 등 침략전쟁의 수행 과정에서 군인들의 사기 진작 등을 위해 역사에서 전례를 찾아볼 수 없는 '위안소'를 운영한 사실, ② 위안부들은 폭행, 협박, 납치 등에 의하여 강제로 동원되거나, 기망에 의한 모집업자들이나 공무소 등의 위탁, 동원 등의 방법으로 위안소에 배치되었고, 당시 대부분 미성년이거나 갓 성년이었던 사실, ③ 위안부들은 각 매일 수명 내지 수십명의 일본군들을 상대로 성행위를 강요당하였고, 성적인 요구가 제대로 수행되지 않을 경우 상시적인 폭행과 협박에 노출되었으며, 늘 성병과 원치 않은 임신의 위험을 감수하여야 했던 사실, ④ 위안부들은 최소한의 자유도 제압당한 채 위안소 관리인에 의하여 도주하지 못하도록 항상 감시당하였으며, 위안부들 중 일부는 탈출을 시도하다가 일본군에 의하여 붙잡혀 살해당하거나 강제로 위안소로 복귀하여 심각한 폭행을 당하였던 사실 등을 확인할 수 있다.

우리 법원에서 인정한 위와 같은 사실관계 등에서 알 수 있는 것처럼, 강제징용이나 위안부 성 노역의 반인권적·노예적 성질, 일본 정부나 일본 기업이 광범위하고 체계적으로 벌인 침해의 모습 등에 비추어 강제징용·위안부 피해자들이 당한 피해는 인권 강행규범인 노예 금지 및 인도에 반하는 죄 금지 위반의 피해에 해당한다. 즉, 징용청구권과 위안부청구권은 위와 같은 두 인권 강행규범 청구권이라는 성격을 갖는다.

이 지점에서 혹시나 위 결론에 의문을 제기할 독자들을 위해 앞서 본 노예와 인도에 반하는 죄의 개념을 다시 한 번 소환한다면, 노예는 '자기결정권을 박탈당한 채 이루어지는 노동'이고, 인

도에 반하는 죄는 '광범위하고 체계적인 인권 침해행위'임을 핵심
으로 한다.

위 개념들을 토대로 할 때, 강제징용·위안부 피해자들이 당
한 피해를 두 인권 강행규범 위반의 피해로 보는 것은 절대 다수
의 우리가 알고 있는 역사적 사실관계에 바탕을 둔 비약 없고 의
문 없는 결론에 해당한다.

나아가 위 결론은 대법원이 앞서 본 바와 같이 징용청구권을
"일본과 일본 기업의 반인도적 불법행위를 원인으로 하는 배상청
구권"이라고 판단한 것과 통한다. 또한 1월 판결이 위안부청구권
의 성격에 관하여 "일본에 의하여 계획적, 조직적으로 광범위하게
자행된 반인도적 범죄행위로서 국제 강행규범을 위반한 것"이라
고 명시한 것과도 맞아떨어진다.

이와 관련 분명히 해두고 싶은 것은, 불법 식민지배를 인정할
수 없다는 일본의 입장에 의하더라도 징용·위안부청구권이 두
강행규범 위반에 따른 회복청구권에 해당한다는 결론에 영향을
미칠 수는 없다는 사실이다.

왜냐하면, 당시 피해자들이 노예·인도에 반하는 죄의 피해자
들이라는 사실은 국적을 불문하는 두 인권 강행규범의 특성상 여
전히 변함이 없기 때문이다. 바꾸어 표현하면, 노예·인도에 반하
는 죄의 피해자들이라는 결론은 설령 당시의 한일관계가 불법 식
민지배가 아니어서 피해자들을 일본 국적으로 보더라도 여전히
변함이 없기 때문이다.

요컨대, 징용청구권과 위안부청구권은 노예 금지, 인도에 반
하는 죄 금지의 두 인권 강행규범 위반을 원인으로 한 개인적 회
복청구권에 해당한다. 나아가 그러한 징용·위안부청구권의 성격

은 한일 강제병합조약의 유효 여부나 불법 식민지배 인정 여부와 상관없이 그대로 유지된다.

2. 청구권협정에 대한 두 가지 관점에서의 분석

가. 첫 번째 관점 – 청구권협정의 효력 상실

필자의 첫 번째 관점에 따르면, 만일 청구권협정의 체결 시기인 1965년 당시부터 노예 금지, 인도에 반하는 죄 금지의 두 인권 강행규범이 존재하는 상태였다면 청구권협정은 '체결한 때부터 충돌' 법리에 따라 그 체결 당시부터 무효가 된다. 그러나 만일 청구권협정 체결 후 비로소 두 강행규범이 출현하였다면, '출현한 때부터 충돌' 법리에 따라 그 출현 시기부터 비로소 효력을 상실한다.

따라서 위 두 강행규범이 언제부터 국제사회에 출현하였는가를 살필 필요가 있다. 이는 청구권협정이 어떤 형태의 무효인지 결정하는 문제이기 때문이다.

이와 관련, 현재 두 인권 강행규범이 출현한 상태, 즉 두 인권 강행규범의 관습국제법성뿐만 아니라 강행성에 관한 수락·인정도 있는 상태라는 사실만큼은 앞서 본 바와 같으나, 그 출현 시기에 관해서는 통설적인 기준을 찾기 어렵다.

나아가 국제법 학계, 실무를 통틀어 이를 체계적으로 언급하고 분석한 연구 성과조차 발견하기 어려운 상황이다. 이는 여러 학자들의 설명과 같이 출현 시기에 관하여 정확한 시기를 특정할 수 없는 어려움과 한계를 여실히 나타낸다.

다만, 이에 관해 일부 해답을 제공할 수 있는 사실은, 1969년 만들어진 비엔나협약의 채택 과정에서 어떤 강행규범이 존재하는 가에 관한 국제법 학자들과 실무가들 사이의 많은 논의가 있었지만, 결국 그에 관한 일치된 합의를 이끌어낼 수 없어 구체적 예를 협약에 명시하지 못하였다는 점이다. 즉, 적어도 1969년까지는 강행규범의 일반적 법리에 관한 국제사회의 확인이 존재할 뿐, 이를 넘어 두 강행규범이 국제사회에 출현하였다고까지 보기는 어렵다는 것을 알 수 있다.

1969년까지는 출현을 인정할 수 없다는 위와 같은 판단은 강행규범에 관한 논의와 연구가 1969년 이후 비로소 본격적으로 심화·발전되기 시작한 것으로 파악되는 점에서도 뒷받침될 수 있다. 특히 Erika De Wet 교수는 "1969년 비엔나협약 체결 당시까지만 해도 국제인권법의 발전 상황은 태동기에 불과했다. 그렇기에 당시에는 강행규범에 관한 제대로 된 인식이 있었다고 볼 수 없다. 그러나 그 상황은 비엔나협약 체결 후 크게 바뀌게 되었는데, 여러 인권협약들의 영향으로 고문 금지와 같은 근본 규범들의 보호가 강행규범으로까지 격상되는 상황에 이르게 되었다"고 설명한다.

위와 같은 여러 사정들을 토대로 두 강행규범의 출현 시기를 보다 특정하여 본다면, 아무리 빨라도 1969년 비엔나협약이 체결된 후로서 국제인권법의 발달이 본격화된 1970년대 ~ 1980년대를 가장 이른 시기로 잡을 수 있고, 아무리 늦게 잡더라도 2010년대 초반까지는 출현을 인정할 수 있다.

그중에서도 후자의 시기를 위와 같이 파악한 이유는 국제재판소들이 강행규범을 언급한 시점들 때문이다.

국제법 학자나 실무가라면 누구나 인정하듯이, 국제재판소 판결은 강행규범의 존재·출현에 관한 가장 권위적인 자료로 작용한다. 그러한 관점에서 볼 때, 2010년대 초반을 기준으로 ICJ를 포함한 대부분의 국제재판소들이 두 강행규범을 판결문에 언급한 이력을 확인할 수 있는 것은 출현 시기와 관련한 설득력 있는 힌트를 제공한다고 볼 수 있다.

왜냐하면, 어떤 국제재판소가 특정 강행규범을 판결문에 썼다면, 그 판결이 나온 시점 이전 해당 강행규범이 이미 출현한 상태라고 인정할 수 있을 것이기에, 이 연장선에서 아무리 늦어도 그 판결이 나온 시점에는 판결에 언급된 강행규범이 출현한 상태라고 인정할 수 있을 것이기 때문이다.

보다 구체적으로 살펴본다. 먼저 ICJ가 강행규범이라는 개념 자체를 정식으로 확인하고 강행규범의 구체적 예로 제노사이드 금지를 명시한 게 2006년에 비로소 이루어졌다. 그 후 ICJ는 앞서 본 바와 같이 2012년 고문 금지를 강행규범으로 판시함과 아울러, 같은 해 국가면제 판결에서 노예 금지나 인도에 반하는 죄 금지가 강행규범이라는 취지로 판시하였다.

ICJ가 위와 같이 신중한 태도를 보였다면, 구 유고 국제형사재판소(ICTY), 르완다 국제형사재판소(ICTR), 시에라리온 특별재판소(SCSL), 미주인권재판소(IACtHR)를 포함한 다른 국제재판소들의 태도는 보다 적극적이다. 우리는 위 국제재판소들이 대체로 1990년대나 2000년대 이미 두 강행규범을 포함하여 여러 인권 강행규범을 언급하고, 이를 판결에 반영하고 있음을 확인할 수 있다.

요약하면, 아무리 늦어도 국제재판소들 중 가장 큰 권위를 부여받고 있는 ICJ마저 두 강행규범을 언급한 2010년대 초반에는 두 강행규범이 출현한 상황임을 무리 없이 인정할 수 있다.

　이제 두 강행규범의 위와 같은 출현 시기를 청구권협정에 접목시켜 본다. 반복하지만, 이 부분 전제는 청구권협정이 두 강행규범 위반에 따른 징용·위안부청구권까지 협정 대상으로 포함시킨 부제소 합의 유형의 일괄타결협정이라는 것이다. 그러한 전제에 따르면, 청구권협정에 대해서는 '출현한 때부터 충돌' 법리가 적용될 것이다. 이를 좀 더 구체적으로 살펴본다.

　정리한 바와 같이 1965년 청구권협정 체결 당시에는 두 강행규범이 출현한 상태가 아니므로, 청구권협정은 두 강행규범의 출현 시기 전까지는 유효한 양국의 약속으로 작용한다.

　즉, '징용·위안부청구권 자체는 실체적으로 소멸하지 않았으나, 한일 양국이 그 법적 권리 행사를 허용하지 않을 의무를 부담하는 상태'가 협정의 효과로 유지되었다고 볼 수 있다.

　그리고 위와 같은 의무는 양국의 입법·사법·행정부를 모두 구속한다. 이 지점에서 혹시나 삼권분립을 생각할 독자들을 위해 분명히 밝힌다면, 국제법의 영역에서는 삼권분립이라는 개념이 존재하지 않는다. 즉, 한 국가의 행위는 그 행위가 입법행위이든 사법행위이든 행정행위이든 국제법에서는 모두 그 국가의 행동일 뿐이다.

　따라서, 양국의 입법·행정부는 물론 사법부도 두 강행규범의 출현 전까지는 피해자들의 일본 측을 상대로 한 재판상 청구에 대하여 청구권협정의 부제소 합의를 이유로 이를 허용해서는 안 될 의무를 부담하는 상태였다는 답변을 얻는다. 약속은 지켜져야 하기 때문이다.

　그런데 위와 같은 양국의 의무는 두 강행규범의 출현으로 인하여 그때부터는 없어지는 효과가 생긴다. 즉, 청구권협정과 충돌하는 두 강행규범이 출현한 시기로서 가장 늦게 잡더라도 2010년대 초반부터는 장래를 향해 효력을 상실한다. 따라서 우리나라 사법부를 포함하여 양국 사법부는 그때부터는 피해자들의 재판상 청구를 허용해서는 안 될 의무로부터 해방된다. 바로 현재의 상황이다.

나. 두 번째 관점 – 징용·위안부청구권의 청구권협정에서의 배제

필자의 두 번째 관점에 따르면, 청구권협정은 두 인권 강행규범 청구권에 해당하는 징용·위안부청구권을 적용 범위로 포함시킬 수 없다.

무엇보다도 이 논리의 장점은, 앞서 소개한 바와 같이 우리 대법원(정확히 표현하면, 다수의견)의 판단, 즉 '징용청구권은 청구권협정 대상에 포함하지 않았다'는 판단과 결론에 있어서 같다는 점이다.

물론 대법원은 강행규범의 관점에서 접근한 것이 아니라 청구권협정의 역사적 체결 과정 등을 종합한 사실관계 분석을 통하여 위와 같은 결론에 이른 것이기는 하나, 필자의 위 논리는 국제법 관점에서 보더라도 우리 대법원 판단이 타당함을 뒷받침할 수 있게 한다. 우리나라 대법원 판결을 지금까지도 '국제법 위반'으로 매도하고 있는 일본에 대하여 우리가 취할 수 있는 적절한 답변이 될 수 있을 것으로 기대한다.

3. 두 관점이 갖는 실천적 의미

청구권협정을 위와 같이 두 가지 관점에서 분석하면 서로 양립할 수 없는 결론이 나온다. 첫 번째 관점은 청구권협정의 무효를, 두 번째 관점은 청구권협정의 유효를 각 수반하기 때문이다.

상호 모순되는 위와 같은 접근방식에 관해 의문을 품을 수도 있을 것이다. 그러나, 강제징용·위안부 문제에 대한 대응논리 관점에서 볼 때 필자의 위와 같은 상호 양립할 수 없는 두 가지 관점에서의 접근이야말로 우리에게는 더 없이 좋은 무기가 될 수 있다고 생각한다. "주위적 주장, 예비적 주장"을 할 수 있기 때문이다.

일반인들에게는 역시 생소할 수 있는 "주위적, 예비적 주장"의 개념은 의외로 쉽다. 표현 그대로 주위적 주장은 주로 하는 원래 주장이고, 예비적 주장은 주위적 주장이 받아들여지지 않을 때를 대비하여 예비적으로 하는 주장이다.

각 주장은 서로 양립할 수 없어야 한다. 예를 들어 민사소송에서 주위적으로 '돈을 빌려주었음을 이유로 한 금전 반환청구'를 하면서, 빌려준 사실이 받아들여지지 않을 경우를 대비하여 예비적 주장으로 '사기를 당했음을 이유로 한 금전 반환청구'를 하는 경우를 상정하면 된다. 구하는 결론은 같으나, 그 결론을 위한 근거는 서로 양립할 수 없는 이유들로 구성되는 것이다.

이제 누구나 우리가 할 수 있는 방법을 예상할 수 있을 것이다. 우리나라로서는 주위적으로 "청구권협정에는 징용·위안부 청구권은 포함되지 않는다"고 주장한다. 그러면서 그 근거로 두 가지를 들면 된다. 즉, "(1) 2018년 대법원 판결과 같이 청구권협정의 역사적 체결 경위나 문구 등을 종합할 때 해당 청구권들은 적용 대상이 아니다, (2) 법리적으로 보더라도, 비엔나협약 제31조 제3항 (c)호의 관점에서 청구권협정의 적용 범위에 인권 강행규범 청구권의 성질을 갖는 징용·위안부청구권은 포함될 수 없다"고 주장하는 것이다.

그러면서 우리나라는 예비적 주장을 아울러 한다. 즉, "청구권협정이 모든 청구권을 대상으로 한 부제소 합의 유형의 일괄타결협정이라 하더라도, 협정에 포함된 징용·위안부청구권이 두 인권 강행규범 청구권의 성질을 갖는 이상, 두 인권 강행규범의 출현시기인 늦어도 2010년대 초반부터는 효력을 상실한 상태이므로, 재판상 행사의 국제법적 장애물이 제거된 상황이다"라고 주장하는 것이다.

위와 같은 대응방식은 무엇보다도 우리나라 최고 법원의 결론을 그대로 존중한다는 가치와 의미를 갖는다. 그러면서도 대법원 판결의 결론과 정당성을 국제법적으로도 뒷받침할 수 있게 한다. 아울러 이를 통해 일본이야말로 현 국제법의 흐름을 제대로 이해하지 못하고 있다고 논리적으로 반박할 수 있다.

제5절 위안부합의로의 적용

이제 위안부합의를 필자의 두 가지 관점을 가지고 설명한다.

이 부분 또한 필자가 어떤 결론을 낼지 어느 정도 예상할 수 있을 것이다. 물론 여기서도 전제는, 일본의 입장과 같이 위안부합의를 '위안부 문제에 대한 부제소 합의 유형의 일괄타결협정'이라고 보는 것이다.

먼저 필자의 첫 번째 관점에 의할 때, 일본의 주장과 같이 위안부합의가 위안부청구권에 관한 재판상 청구를 할 수 없게 한 정식 국가 간 합의인 조약이라면, 위안부합의는 체결 당시부터 두 인권 강행규범인 노예 금지, 인도에 반하는 죄 금지 강행규범과 충돌한다. 즉, '체결한 때부터 충돌' 법리가 적용된다.

왜냐하면, 앞서 출현시기에 관해 설명한 바와 같이 2015년 위안부합의 당시에는 이미 노예 금지, 인도에 반하는 죄 금지의 두 인권 강행규범이 출현한 상황이기 때문이다. 즉, 두 인권 강행규범 위반에 따른 회복청구권인 위안부청구권을 재판상 행사 못하게 한 위안부합의는 체결 당시부터 두 강행규범과 충돌하는 합의에 해당한다.

다음으로 필자의 두 번째 관점인 "일괄타결협정은 인권 강행규범 청구권을 포함시킬 수 없다"는 논리에 의하면, 위안부합의는 그 대상으로 위안부청구권을 포함시킬 수 없다는 결론을 얻는다.

위와 같은 서로 양립할 수 없는 두 가지 관점은, 앞서 청구권협정에서 본 것과 마찬가지로 우리에게는 다양한 무기를 제공한다.

우리나라로서는 주위적으로 우리 헌법재판소의 해석과 같이 "위안부합의는 정치적 합의일 뿐 조약이 아니므로, 위안부청구권

의 소멸이나 재판상 행사 금지는 위안부합의의 대상이 아니다"라
고 주장한다.

　　그러면서 우리나라는 예비적으로 다음과 같이 주장한다. 필자
의 두 가지 관점을 활용하는 것이다. 먼저 "위안부합의가 조약이
라 하더라도, 노예 금지, 인도에 반하는 죄 금지 위반의 두 인권
강행규범 청구권의 성격을 갖는 위안부청구권을 포함시킬 수 없
다"라고 주장한다. 다음으로 "위안부합의가 위안부청구권까지 포
함하는 조약이라면, 위안부합의는 합의 당시부터 두 인권 강행규
범과 충돌하여 무효"라고 주장한다.

　　위와 같은 대응방식은 우리나라 헌법재판소의 결론을 그대로
존중한다는 가치와 의미를 갖는다. 그러면서도 우리 헌법재판소
결론의 정당성을 강행규범의 관점에서도 뒷받침할 수 있게 한다.

제5장

위안부 소송과
관련한 대응논리

제5장

위안부 소송과 관련한 대응논리

이 장에서 다룰 내용은 '위안부 소송'이다. 즉, "위안부 소송에서 일본 정부의 국가면제가 인정되어야 한다"는 일본의 현재 주장에 대한 반박이 이 장의 주된 내용이다.

일본이 주장하는 국가면제란, 앞서 설명한 바와 같이 어느 국가가 다른 국가의 법원에서 재판권의 행사 대상이 될 수 없다는 법리를 의미한다. 예를 들어 일본 정부는 우리나라 법원의 재판 당사자가 될 수 없다는 것이다.

이는 모든 국가가 평등하다는 '주권평등 원칙'에서 비롯되었다고 일반적으로 설명된다. 즉, 국가들은 서로 대등한 관계이므로, 어떤 국가가 다른 국가를 재판하는 것은 월권행위라는 의미를 담고 있다.

위와 같은 국가면제 법리는 현재 관습국제법으로 인정되고 있다. 바꾸어 표현하면, 국가들은 다른 국가의 재판 절차에서 국가면제를 향유할 국제법상 권리가 있고, 국가들은 국가면제를 인정할 국제법상 의무가 있다고 설명된다.

한편 위안부 소송에 대한 대응논리 제시를 위해 필요불가결한 ICJ 판결이 있다. 바로 앞서 소개한 바와 같이 페리니 판결로도 불리는 2012년 국가면제 판결이다.

독일의 국가면제를 인정한 다수의견(재판관 12명)과 국가면제를 부정한 반대의견(재판관 3명)으로 구성된 국가면제 판결은 현재 위 주제와 관련한 이 분야의 대표 판결이다.

더욱이 판결에서 다룬 대상이 우리나라 위안부 판결들의 구조와 사실상 동일하다. 즉, 위안부 피해자들(= 페리니)이 일본 정부(= 독일 정부)를 상대로 우리나라 법원(= 이탈리아 법원)에 손해배상청구를 한 사건을 다룬 판결이 바로 두 위안부 판결들이기에, 국가면제 판결이 위안부 판결들과 뗄 수 없는 관계임을 알게 한다.

위와 같은 밀착된 관계는 두 위안부 판결의 내용에 그대로 반영되어 있다. 즉, 일본의 국가면제를 부정한 1월 판결은 국가면제 판결의 반대의견을, 일본의 국가면제를 인정한 4월 판결은 국가면제 판결의 다수의견을 대부분 동일하게 따랐음을 각 판결 내용들을 통해 확인할 수 있다.

따라서 국가면제 판결만 이해하면 두 위안부 판결은 따로 보지 않더라도 그대로 이해할 수 있는 셈이 된다. 즉, 두 위안부 판결을 구태여 소개하거나 분석하지 않더라도, 예를 들어 다수의견에 대한 비판은 그대로 4월 판결에 대한 비판에 대부분 적용된다.

위와 같은 의미를 갖는 국가면제 판결에 대하여, 이 책에서는 국가면제 판결이 이루어진 경위부터 시작하여 다수의견, 반대의견의 논리를 요약하여 소개하였고, 이 책의 목적과 방향에 맞게 다수의견에 대한 다각도의 비판을 하였다.

독자들은 다수의견에 어떤 문제점들이 있는가를 조목조목 기재한 이 책을 읽어나가면서 일본의 국가면제 주장에 대해 어떤 대응논리가 만들어질 수 있는지에 관해서도 자연스럽게 결론을 얻을 수 있을 것이다. 국가면제 판결에 관한 소개부터 시작하는

이 장의 내용을 차근차근 읽어나가면 무리 없이 이해될 내용들로
기대한다.

제1절 국가면제 판결

1. 페리니의 손해배상 청구

1930년대 중반부터 나치 독일과 동맹 관계를 유지하였던 파시스트 이탈리아는 1940년 6월에 이르러 제2차 세계대전에 참전하였으나, 1943년 무솔리니의 실각과 함께 전선에서 조기 이탈하게 되었다.

나치 독일은 이탈리아가 위와 같이 동맹에서 이탈한 무렵인 1943년 10월부터 종전에 이르기까지 북부 이탈리아 지역에서 민간인 학살, 노예노동에 동원하기 위한 민간인 대량 이송 등 수많은 반인륜범죄를 자행하였다.

페리니는 그러한 노예노동 피해자들 중 1명으로, 1944년 8월 이탈리아 아레쪼(Arezzo) 지역에서 나치 군대에 의하여 독일로 강제이송된 후 1945년 4월까지 노예노동, 강제구금을 당하였음을 이유로, 1998년 아레쪼 법원에 독일 정부를 피고로 하여 강제이송, 강제구금, 노예노동에 따른 물질적·정신적 손해배상을 청구하였다.

2. 이탈리아 법원에서의 소송 진행

제1심인 아레쪼 법원과 제2심인 플로렌스 항소법원은 국가면제를 이유로 페리니의 청구를 받아들이지 않았고, 페리니는 상고하였다.

이에 대하여 파기원(*Corte di Cassazione*)은, 문제되는 나치 독일의 행위는 심각한 인권 침해 행위로서 국제범죄이자 강행규

범 위반에 해당하므로, 강행규범의 최상위 규범성에 따라 국가면
제를 인정하지 않는다고 판단하고, 위 항소법원의 판결을 파기하
였다.

3. 독일의 이탈리아를 상대로 한 ICJ 제소

위 판결을 계기로 이탈리아에서는 위 사건과 유사한 사실관계
를 대상으로 하는 많은 소송들이 제기되었고, 이들에 대하여 이탈
리아 법원이 위 판결과 동일한 취지의 판단을 연이어 하였다.

독일은 이러한 이탈리아 법원의 태도가 국가면제 법리를 위
반한 것이라는 이유로 이탈리아를 ICJ에 제소하였다.

4. ICJ의 판단

다수의견은 나치 독일의 행위가 국제범죄로서 강행규범 위반
에 해당함을 전제하면서도, 아래와 같이 그 주장을 받아들이지
않았다.

> 각 국내법원에서는 국가면제 대상인지 여부를 본안 전
> 단계에서 사실 확정 전에 결정할 것이 요구된다. … 국
> 제인권법이나 국제인도법의 심각한 위반 사안에서는 국
> 가면제가 부인된다는 내용의 관습국제법이 존재하는지
> 여부에 관하여 살피건대, 이 사건의 대상인 이탈리아 법
> 원들의 판결 외에 그러한 관습국제법을 인정할 만한 국
> 가 관행을 사실상 발견할 수 없다. … 국가면제 법리는

절차규범의 성격을 갖기에 어떤 국가가 자국 법정에서 다른 국가에 대한 재판권을 행사할 수 있는가의 문제와 관련이 있다. 즉, 국가면제 법리는 그 재판에서 문제되는 법적 사실이 합법인지 불법인지 여부까지 다루지는 않는다. … 강행규범은 이탈이 불가능한 규범을 의미하나, 국가면제 법리는 관할권의 범위와 그 관할권이 언제 행사될 수 있는가에 관한 규범으로서, 강행규범의 성질을 갖는 실체규범과의 충돌 상황은 발생할 수 없다.9)

위와 같이 다수의견은 국가면제가 항상 '본안 전 단계'에서 사실 심리를 거치기 전 판단되어야 할 '절차규범'임을 전제로, (1) '본안 단계'에서 판단되는 '실체규범'인 강행규범과 국가면제 법리는 적용되는 영역이 다르기 때문에 둘 사이에 충돌이 일어날 수 없고, (2) 강행규범 위반 사안에서 국가면제를 부인하는 관습국제법도 존재하지 않는다고 판단하였다.

앞 문장은 다수의견 판단의 핵심을 모아놓은 내용이다. 다만, (1)에 생소한 법률용어들인 '본안 전 단계, 본안 단계, 실체규범, 절차규범'이 등장하는 까닭에 무슨 내용인지 이해하기 힘들 수 있어 보인다. 이에 이 지점에서 각 용어들을 보다 구체적으로 설명한다.

먼저 '본안 전 단계'와 '본안 단계'에 대하여 설명한다. 예를 들어 'A가 B를 상대로 빌려준 돈을 반환하라'는 내용의 대여금반환 소송에서 '본안 단계'는 B에게 돈을 갚을 책임이 있는지, 바꾸

---

9) Jurisdictional Immunities of the State (Germany v. Italy; Greece Intervening), ICJ Judgment (2012), paras 82, 83, 93, 95.

어 말하면 A가 돈을 받을 권리가 있는지를 다룬다.

한편 위 소송에서 '본안 전 단계'란 A에게 B를 상대로 그러한 책임을 재판상 주장할 수 있는 자격이 있는지 여부를 다룬다. 좀 더 다가가기 쉽게 표현한다면, 책임을 판단하기 전 단계로 과연 재판절차를 진행할 수 있는지를 판단하는 단계가 바로 '본안 전 단계'이다.

다음으로 '절차규범'과 '실체규범'에 대하여 설명한다. 일반적으로 실체규범은 법적인 권리·의무를 발생시키는 법 규범을 뜻하고, 절차규범은 그 권리를 실현하는 과정과 관련된 법 규범을 말한다. 국내법을 예로 들면, 실체규범의 예는 민법, 형법이고, 절차규범의 예는 민사소송법, 형사소송법이다.

즉, 다수의견은 위와 같이 국가면제를 실체규범인 강행규범에 따른 권리를 실현하는 과정과 관련된 법 규범으로 보고 있는 것이다.

제2절 다수의견의 문제점에 대하여

국가면제 판결의 다수의견을 요약하면, 이탈리아 법원에서 독일 정부를 피고로 하여 재판한 것은 강행규범 위반 여부와 관계 없이 독일의 국가면제 권리를 침해하였다는 것이다.

그리고 그 논거는 정리하였다시피, "① 강행규범과 국가면제 사이에는 충돌이 존재하지 않는다, ② (설령 충돌이 존재한다 하더라도) 심각한 인권 침해와 같은 강행규범 위반 사안에 대해 국가면제를 적용하지 않는다는 내용의 관습국제법은 존재하지 않는다"는 두 가지로 요약할 수 있다.

먼저 ①과 관련하여, 다수의견은 개념상 절차규범인 국가면제와 실체규범인 강행규범은 적용 대상이 서로 다르고, 실무적으로도 국가면제는 본안 전 단계에서 사실 확정 전에 결정되는 반면, 강행규범은 본안 단계에서 실체 심리를 거쳐 비로소 위반 여부를 확인할 수 있다는 점에서 충돌이 없다는 논리를 펴고 있다.

다음으로 ②와 관련하여, 2012년 판결 당시를 기준으로 유럽인권재판소(ECtHR)나 각국 법원의 태도 등을 분석한 후 그러한 관습국제법의 존재를 부정하고 있다.

필자는 위 ①, ② 모두 잘못되었음을 강행규범 개념을 사용하여 설명하였다. 강행규범을 활용한 필자의 이 부분 접근방식 또한 국내 국제법 학계에서는 새로운 접근법들 중 하나에 해당한다.

1. '① 충돌이 없다'는 논거에 대하여

가. '충돌'이 국가면제와 관련하여 갖는 의미

강행규범과 국가면제 사이에 '충돌'이 존재하는지 여부는 결정적인 역할을 한다.

왜냐하면, 앞서 여러 차례 정리한 바와 같이 규범 우월성은 강행규범의 핵심적인 특성이므로, 그 연장선에서 강행규범보다 먼저 성립한 관습국제법인 국가면제 법리는 강행규범과 충돌할 경우 충돌하는 한도에서 더 이상 법 규범으로서의 효력을 발휘할 수 없게 되기 때문이다.

한편 이 지점에서 '먼저 성립한'과 관련하여 추가 설명을 원하는 독자들이 있을 것으로 추측한다. 국가면제 법리는 이미 1812년 미국 연방대법원의 'Schooner Exchange' 판결에서 공식적으로는 처음으로 명시된 오래된 개념임을 확인할 수 있다. 위와 같은 국가면제 법리의 역사 및 앞서 설명한 강행규범의 성립·출현 시기 등을 고려할 때, 국가면제 법리는 강행규범 성립·출현 전에 이미 성립한 관습국제법으로 인정함에 무리가 없다.

나아가 위 문제에 더하여 '강행규범도 관습국제법인데, 마찬가지로 관습국제법인 국가면제와의 관계에서 과연 규범 우월성이 인정되는가'라는 의문을 제기할 수도 있어 보인다.

설명한 바와 같이 강행규범은 관습국제법이면서 강행성까지 부여받은 특수한 유형의 관습국제법이다. 따라서 관습국제법일 뿐 강행성까지 부여받지는 못한 관습국제법과는 구별된다. 이 책에서는 후자를 '통상의 관습국제법'으로 표현한다.

강행규범의 규범 우월성은 위와 같은 통상의 관습국제법에 대해서도 적용된다. 그 연장선에서, 국가면제는 강행성까지는 부여받지 못한 통상의 관습국제법이므로 규범 우월성의 적용 대상이 되는 것이다. 이는 필자의 독자적 궤변이 아니라, ILC가 아래와 같이 확인한 내용과 동일하다.

즉, ILC는 "통상의 관습국제법은 그와 충돌하는 강행규범의 출현 전에는 그 전체가 법 규범으로 작용하나, 충돌하는 강행규범 출현 후 그 충돌 부분에 대해서는 효력을 발휘할 수 없다"고 설명한다. 달리 표현하면, 충돌 부분에 관해서는 해당 관습국제법에서 정한 권리, 의무가 더 이상 성립하지 않는다는 뜻이다.

ILC는 나아가 강행규범과 다른 국제규범들 사이에 충돌이 있다고 볼 여지가 있을 경우 최대한 강행규범에 어긋나지 않도록 해석되고 적용되어야 한다고 설명한다. 그러면서 '다른 국제규범들'에 통상의 관습국제법이 포함됨을 명시하고 있다. 아울러, "강행규범과 다른 국제규범들 사이에 충돌이 발생할 경우 강행규범이 우선하고, 그와 같이 충돌하는 한도에서 다른 규범들은 적용될 수 없다"고 명시한다.

요컨대, 강행규범과 통상의 관습국제법인 국가면제의 관계는, 강행규범과 충돌하는 한도에서 국가면제에 따른 국가들의 권리, 의무인 '국가면제를 누릴 권리와 이를 존중할 의무'가 발생하지 않는다는 것이다.

아래에서는 위와 같은 내용들을 염두에 두고, 강행규범과 국가면제 사이에 '충돌'이 존재하지 않는다고 본 다수의견의 논리와 문제점을 분석하였다.

나. 충돌의 존재

1) 개념적 측면

앞서 법 체계상 충돌이 갖는 일반적 의미에 관해 살펴본 바 있다. 즉, '어떤 두 규범의 효력이나 필요적 결과가 서로 맞부딪쳐 양립할 수 없는 경우'를 충돌로 정의하였다. 여기에서는 위와 같은 충돌의 개념을 강행규범과 국가면제에 대입해 본다.

먼저 강행규범의 효력과 필요적 결과는, 제4장에서 설명하였다시피 강행규범의 준수 의무 및 이를 위반하였을 경우 회복청구권과 회복 의무의 발생을 핵심으로 한다.

다음으로 국가면제의 효력과 필요적 결과는, 국가면제의 준수 의무 및 이를 위반하였을 경우 위반에 따른 회복 의무와 회복 받을 권리의 발생을 핵심으로 한다.

이제 좀 더 살을 붙여 인권 강행규범과 국가면제로 한정하여 그 구체적 의미를 살펴본다.

인권 강행규범의 효력과 필요적 결과는, 위반 발생 시 국가, 개인을 포함한 모든 유형의 가해자가 이를 회복할 의무를 부담하고, 유일한 권리 주체인 피해자 개인이 재판청구권을 포함하여 회복청구권을 부여받는 것을 핵심으로 한다.

한편 국가면제는 그 효력 및 필요적 결과로, 각국 재판절차에서 외국을 재판권의 대상으로 삼을 수 없는 의무와 이를 요구할 수 있는 권리를 각 국가에 부여하고, 위반 발생 시 국가면제 위반국의 회복 의무 및 피해국에 대한 회복청구권 부여를 핵심으로 한다.

위와 같은 논리를 토대로 충돌의 존재 여부에 관하여 본다면, 인권 강행규범과 국가면제 사이에 충돌 영역이 존재한다는 결론을 얻을 수 있다.

왜냐하면, 인권 강행규범의 효력 및 필요적 결과로서 재판청구권을 포함한 개인의 회복청구권이 부여되고, 그 권리 행사 방법에는 제한이 예정되어 있지 않은데, 국가면제 법리의 효력 및 필요적 결과에 따르면 가해자가 외국인 상황에서는 피해자가 자국 법원에서 재판 청구를 할 수 없게 되기 때문이다. 바꾸어 표현하면, 서로 양립할 수 없는 영역이 확인된다.

앞서 본 바와 같이 다수의견의 핵심 논리는 국가면제가 절차규범이고 강행규범은 실체규범이기에 적용 영역이 달라 개념상 충돌이 있을 수 없다는 취지이다. 그러나 위와 같이 두 규범의 효력 내지 필요적 결과를 비교·분석하면 충돌 영역을 어렵지 않게 인지할 수 있다는 점에서, 다수의견의 위와 같은 실체규범/절차규범 이분법에 결정적 오류를 발견하게 된다.

의도적이든 아니든, "마치 문 안으로 더 이상 들어가지 않고 문 밖에서 멈춘 논리"로 표현하고 싶다. 많은 국제법 학자들이 같은 맥락에서 비판하고 있음을 확인할 수 있고, 현재로서는 오히려 다수설의 지위에 있다고 보인다.

더욱이 다수의견의 태도는 ILC가 2006년 채택한 보고서[10]에서 언급한 충돌에 관한 이해와도 일치하지 않는다. 해당 보고서는 "만일 어떤 두 규범이 목적·방향이 다른 까닭에 양립할 수

---

10) Fragmentation of International Law: Difficulties Arising from the Diversification and Expansion of International Law—Report of the Study Group of the International Law Commission, UN Doc. A/CN.4/L.682 (April 13 2006) (finalized by Martti Koskenniemi).

없는 결과를 가져오고 상호 목적을 좌절시키게 만드는 관계라면, 충돌이 존재한다고 보아야 한다"는 논리를 소개하고 있고, 그 연장선에서 충돌이 가능한 예로 '국가면제 법리와 인권규범'을 거론하고 있다.

한편 ILC도 그 권위를 공식적으로 인정하고 있는 세계국제법학회(Institute of International Law)는 위 2006년 보고서보다 더 확실하게 다수의견과 정반대의 입장을 취했다. 2009년 결의 전문에서 "국제범죄를 원인으로 한 회복청구권과 국가면제가 충돌 관계에 있다"고 문자 그대로 명시하였기 때문이다.11)

2) 실무적 측면

다수의견의 논리에는 앞서 소개한 바와 같이 "국가면제는 본안 전 단계에서 사실 확정 전 판단되어야 할 문제이다"는 내용도 포함하고 있다.

> 각 국내법원에서는 국가면제 대상인지 여부를 본안 전 단계에서 사실 확정 전에 결정할 것이 요구된다.12)

위 다수의견의 판단은 정리한 바와 같이 실무적으로도 두 규범의 충돌이 발생할 수 없다는 취지에 해당한다고 이해할 수 있다. 바꾸어 표현하면, 사건을 담당하는 재판부 입장에서 두 규범을 함께 판단할 상황 자체가 발생하지 않는다는 취지로 해석할

---

11) Resolution on the Immunity from Jurisdiction of the State and of Persons Who Act on Behalf of the State in case of International Crimes, Institut de Droit International, adopted at its Napoli Session (2009), Preamble.
12) Jurisdictional Immunities of the State (Germany v. Italy; Greece Intervening), ICJ Judgment (2012), para. 82.

수 있다.

물론 다수의견이 판결문에 명시적으로 '실무적으로 충돌이 발생하지 않는다'는 표현이나 '재판부 입장에서 두 규범을 함께 판단할 수 있는 상황 자체가 발생하지 않는다'는 내용의 판단을 한 것은 아니나, 위 내용에 의할 때 다수의견의 입장을 위와 같이 해석할 수 있다는 것이다.

위 판단이 과연 맞을까? 여기서는 그에 대한 해답을 찾기 위해 국가면제의 현재 주류적 경향인 '제한적 국가면제'에 관한 설명부터 시작한다.

가) 제한적 국가면제

국가면제에 관한 현재 주류적 경향은, 한 국가의 모든 행위가 다른 국가의 사법권에서 배제된다는 절대적 국가면제가 아니라, 그 국가의 '주권행위'에 한하여 다른 국가의 사법권에서 배제된다는 내용의 '제한적' 국가면제로서, 절대적·무한적인 성격이 아니다.

즉, 오로지 주권행위에만 국가면제가 적용되고, '비 주권행위'에 대해서는 국가면제가 적용되지 않는다는 내용으로 국가면제 개념이 수정·변경된 상황이다.

20세기에 들어와 본격적으로 시작된 것으로 파악되는 이러한 변화는 개인의 국제법상 지위 발전과 직결되는 변화로 이해되고, 현재도 계속 그 범위를 확장하고 있다. 이와 관련, 다수의견도 제한적 국가면제가 현재 주류적 입장이라는 것을 인정하고 있을 뿐만 아니라, 주권행위와 비 주권행위를 구별하는 등 오로지 제한적 국가면제 아래에서만 유의미한 용어들을 쓰고 있다.

요컨대, 현재 국가면제 법리는 어떠한 예외나 행위의 성격도 고려하지 않는 절대적 내용이 아니라, 행위의 성격 등을 고려하여 면제 여부를 결정하는 상대적·제한적 개념을 특징으로 한다.

나) 사실 확정이 먼저 이루어질 필요성

절대적 국가면제 아래 국가면제 인정 여부는 매우 간명하고 확실하게 정해진다. 재판을 하는 국가의 기준에서 피고가 '외국'이기만 하면 되기 때문이다.

그러나 행위의 성격을 고려하는 제한적 국가면제에서는 상황이 달라진다. 여러 학자·실무가들이 지적하고 있는 바와 같이, 주권행위인지 비 주권행위인지 여부가 명백하게 결정될 수 있는 성질은 아니기 때문이다. 다시 말하면, 제한적 국가면제 아래에서는 둘 중 어디에 해당하는지 여부가 불투명한 회색 지대가 생길 수밖에 없는 측면이 있다.

예를 들어 "어떤 국가 군대가 다른 국가의 무기 생산업자와 무기 구매계약을 체결하였다면 주권행위인가 비 주권행위인가?"라는 의문이 제기될 수 있다. 이와 관련, 주권행위인지 여부 판단에 관해 일반적으로 행위의 '목적'과 '성격'의 두 가지 기준이 제시되고 있고, 현재 '성격 기준설'이 보다 우세한 것으로 파악되나, 두 기준 모두 명쾌한 기준이 된다고 보기는 어렵다고 설명된다. 요약하면, 주권행위가 무엇인지 명확한 기준은 없는 상태이다.

위와 같은 사정으로 인해, 제한적 국가면제 아래 주권행위 판단은 실체 심리를 통한 사실 확정을 통해 해당 행위의 성격을 충분히 고려한 후 비로소 이루어져야 하는 특성을 갖는다. 이는 Mohamed Bennouna 재판관이 별개의견에서 다음과 같이 지적한 내용이기도 하다.

다수의견은 국가면제가 각국 법원의 본안 전 문제라고

기계적 관점에서 접근하고 있으나, 이는 각 사건의 특성
을 고려할 필요성을 간과한 것으로서 실제 실무를 고려
하지 아니한 환상에 불과하다. 실제 재판에서는 국가면
제 인정 여부를 판단하기 위해 실체 심리가 필요한 경
우가 종종 발생하기 때문이다.13)

여전히 추상적으로 비추어질 수 있는 위 설명에 관한 설득력
을 높이기 위해, 우리나라에서 제한적 국가면제 법리를 최초로
채택한 대법원 판결(1998. 12. 17. 선고 97다39216 전원합의체 판결)을
예로 들어본다.

해당 판결은 주한미군에 고용되었던 우리나라 사람이 정당한
이유 없이 해고되었다고 주장하면서 미국 정부를 피고로 하여 해
고의 무효확인 등을 구한 사안을 대상으로 한다. 원심(서울고등법
원 1997. 7. 25. 선고 96나29801 판결)은 절대적 국가면제 법리에
입각하여 실체 판단 없이 본안 전 문제로 소를 각하하였으나, 대
법원은 아래와 같이 판단하면서 원심 판결을 파기하였다.

원심으로서는 원고가 근무한 미합중국 산하 기관인 '육
군 및 공군 교역처'의 임무 및 활동 내용, 원고의 지위
및 담당업무의 내용, 미합중국의 주권적 활동과 원고의
업무의 관련성 정도 등 제반 사정을 종합적으로 고려하
여 이 사건 고용계약 및 해고행위의 법적 성질 및 주권
적 활동과의 관련성 등을 살펴 본 다음에 이를 바탕으

---

13) Jurisdictional Immunities of the State (Germany v. Italy; Greece Intervening),
    ICJ Judgment (2012), Separate Opinion of Judge Bennouna, para. 29.

로 이 사건 고용계약 및 해고행위에 대하여 우리나라의
법원이 재판권을 행사할 수 있는지 여부를 판단하였어야
할 것이다.

위 대법원 판결을 보면, 제한적 국가면제 아래 주권행위 판단
은 실체 판단을 통한 사실 확정을 거친 후에 비로소 이루어져야
함을 나타내고 있다. 실체 심리를 통해 해당 원고의 업무 내용 등
을 토대로 고용계약의 법적 성질 등을 모두 살펴본 다음 비로소
국가면제 여부를 판단하라는 취지임을 확인할 수 있기 때문이다.

다) 충돌의 발생

국가면제를 사실 확정 전 문제라고 단정한 다수의견의 이해
는, 정리하였다시피 '실무적 측면에서도 두 규범 사이에 충돌은
없다'는 논리에 해당한다고 이해할 수 있다. 어디까지나 사실 확
정 전 문제이므로 국가면제 여부 판단에 강행규범 위반 여부를
따질 수도 없고 따져서도 안 되기에, 재판 과정에서 두 규범을
함께 고려하여야 하는 상황이 발생할 수 없다는 논리로 연결되기
때문이다.

다수의견이 당시 나치에 의하여 자행된 노예노동 등의 강행
규범 위반 상황을 의문의 여지가 없는 명백한 사실로 전제하면서
도 국가면제 성립 여부에는 영향을 미칠 수 없다는 취지로 본 것
은 위와 같은 맥락으로도 이해할 수 있을 것이다. 즉, '따질 수도
없고 따져서도 안 되는' 내용으로 본 것이다.

그러나, 지금까지 설명한 것처럼 다수의견의 위 전제, 즉 국
가면제가 사실 확정 전 문제라는 판단은 유지되기 어렵다.

다수의견의 위 전제는 행위의 성격을 고려하지 않는 절대적

국가면제 아래에서는 맞는 말이 될 것이나, 정리한 바와 같이 현대 국제법은 절대적 국가면제를 더 이상 채용하고 있지 않기 때문이다. 오히려 다수의견의 이 부분 내용의 오류야말로 "두 규범 사이에 충돌은 없다"는 잘못된 결론에 이르게 한 원인들 중 하나로 파악할 수 있을 뿐이다.

국가면제 여부 판단을 위해 실체 심리를 통한 사실 확정을 한다는 것은, 결국 강행규범 위반 여부도 자연스럽게 드러나게 됨을 의미한다. 주권행위인지 비 주권행위인지 여부를 확인하기 위해 행위의 목적, 성격 등을 살펴보는 과정에서 어떤 일들이 일어났는지 드러날 것이고, 이를 통해 강행규범 위반 여부에 관한 사실 확인도 가능해질 것이기 때문이다. 즉, 재판부 입장에서 국가면제 여부 판단에 앞서 강행규범 위반 여부를 파악할 수 있음을 의미한다.

결국 위와 같이 국가면제 여부 판단을 위해 사실을 확정한 결과 만일 강행규범 위반이 존재한다는 결론을 얻게 된 경우, 재판부는 국가면제 법리와 강행규범 법리를 함께 고려할 수밖에 없는 상황에 맞닥뜨리게 된다. 바꾸어 표현하면, 실무적으로도 두 규범 간 충돌을 인식하고, 그 효과를 판단하여야 할 상황에 놓이게 되는 것이다.

2. '② 그러한 관습국제법이 없다'는 논거에 대하여

② 논거, 즉 다수의견이 내세우고 있는 관습국제법 부존재 논리에 대해, 다수의견이 나온 시기 등을 감안할 때 현재 시점에서도 맞는 판단인지에 관해서는 의문이 있다.

예를 들어 브라질 대법원은 2021년 8월 제2차 세계대전 당시 *Changri-La* 어선을 타고 조업하던 중 나치 잠수함에 의하여 격침되어 사망한 10명의 브라질 국적 선원들의 유족들이 독일 정부를 상대로 제기한 손해배상 소송에서 "인권 침해 행위는 국가면제의 적용 대상에서 제외된다"는 것을 핵심 이유로 독일의 국가면제를 부인하고, 배상책임을 인정하였다(*Changri-La* Case).

다만, 이 책에서는 이를 집필의 대상으로 삼지 않는다. 그 대신 이 책에서는 과연 '관습국제법 존재 여부'를 따지는 것이 합당한가라는 근본적 의문을 제기한다. 강행규범 위반 사안에서 국가면제의 적용 여부는, 그에 관한 관습국제법 존재를 따질 문제가 아니라 어디까지나 '해석'의 문제이기 때문이다. 그리고 이는 무엇보다도 다름 아닌 ILC가 제시한 바로 그 방향에 해당한다.

앞서 소개하였듯이, ILC는 강행규범과 다른 국제규범들 사이에 충돌이 있다고 '볼 여지가 있을 경우' 강행규범에 맞게 해석되고 적용되어야 한다는 법리를 선언하고 있다.

특히 주목할 것은, 위 조항이 충돌이 명백히 존재하는 단정적 상황이 아니라, 그렇게 볼 수 있는 여지가 있는 상황(Where it appears that there may be a conflict)을 규율하고 있다는 점이다.

이는 충돌 여부를 판단하는 주체 — 대표적으로 국내법원 — 입장에서 충돌이 존재하는 것처럼 볼 여지만 있어도 다른 국제규범들의 적용을 배제하여야 한다는 것을 의미하기에, 강행규범과 국가면제에도 적용될 수 있는 해석 지침이 될 수 있다.

위와 같은 태도에서 알 수 있듯이, ILC는 강행규범과 다른 규범들 간 충돌에 관하여 관습국제법이 있는지를 따져보라는 취지를 담고 있지 않다. 오로지 해석 문제이고, 그것으로 충분하다는 내용을 제시하고 있을 뿐이다.

더욱이, 객관적으로 충돌이 있는지 여부를 따질 필요도 없이 충돌이 있다고 '보이면' 강행규범을 우선하여 다른 규범들을 해석하고 적용하라는 취지이기에, 그러한 과정을 통해 충돌의 존재를 인정하고 그 결과로 국가면제를 부인하는 결론을 얻게 된 모든 재판소들의 판단을 적법/정당하게 보게 만든다.

ILC의 지위나 성격상 앞으로 이 문제에 대한 권위 있는 해석 방향으로 작용할 가능성이 충분히 있는 점에서, 다수의견이 취하고 있는 '관습국제법 부존재' 시각에서의 접근은 더 이상 채택될 수 없는 논리가 될 수도 있을 것으로 예상한다.

요컨대 여기서 강조하고 싶은 것은, 강행규범 위반의 경우 국가면제를 부인하는 관습국제법이 설령 없다고 하여 그 이유만으로 국가면제를 인정할 논거가 되어서는 안 된다는 것이다. 어디까지나 두 규범 사이에 충돌이 있는지 여부에 관한 해석 문제로서 다루어져야 하고, 그것으로 필요충분하다는 것이다.

나아가 그 연장선에서 만일 충돌이 인정된다면, 설령 다수의견이 언급한 '그러한 관습국제법이 없다'는 판단을 현 국제법을 반영한 진단으로 존중하더라도, 국가면제는 여전히 부인됨이 타당하다는 것이다.

3. 추가적 관점 – 강행규범 위반을 과연 주권행위로 볼 수 있는가?

지금까지 다수의견이 취한 두 핵심 논리의 문제점을 살펴보았다. 이 책에서는 한 가지 관점을 추가하였다. 다수의견은 '주권행위'가 강행규범과 무관한 개념이라고 보고 있는데, 과연 그러한 시각이 타당한지 여부이다.

제한적 국가면제의 핵심은, 정리한 바와 같이 오로지 주권행위에만 국가면제가 적용되고, 비 주권행위에 대해서는 국가면제가 적용되지 않는다는 것이다.

따라서 같은 맥락에서, 어떠한 강행규범 위반이 있다면 그 행위는 주권 범위를 초과한 범죄행위일 뿐 더 이상 주권행위가 아님을 이유로 아예 국가면제 법리의 적용 대상에서 제외된다는 논리가 만들어질 수 있다.

실제로 현재 이러한 논리를 펴는 학자들을 상당수 발견할 수 있다. 나아가 이는 2차 세계대전 중 그리스 Distomo 마을에서 나치에 의하여 200명 이상의 주민이 학살된 사건을 대상으로 한 재판(Distomo 판결로 불린다)에서 그리스 대법원이 받아들인 논리들 중 하나이고, Cançado Trindade 재판관의 반대의견 논리들 중 하나(*delicta imperii*)에 해당한다.

한편, 다수의견은 위 입장들을 받아들이지 않고 주권행위 인정에 강행규범을 따질 필요는 없다는 태도를 취하고 있다. 이는 정리한 바와 같이 나치 독일 군대의 당시 행동들을 국제범죄로 보면서도 아래와 같이 여전히 주권행위라고 취급하고 있는 것에서 선명하게 알 수 있다.

> 이 사건 이탈리아 법원의 심리 대상이었던 당시 독일 군대나 독일의 다른 기관들이 했던 행동들은 명백하게 독일의 주권행위에 해당한다.[14]

---

14) Jurisdictional Immunities of the State (Germany v. Italy; Greece Intervening),

위 입장이 타당한가? 바꾸어 표현하면 국가가 하기만 하면 어떤 행위라도 주권행위라는 절대 반지를 끼게 되는가?

필자는 그렇게 생각하지 않는다. 예를 들어, 어떤 제노사이드가 가해국의 발전과 이익을 위해서 그 국가의 군대에 의해 자행되었을 때, 여전히 제노사이드는 행위 자체로 '국가가 해서는 안 될' 범죄행위로서 국가의 기능을 벗어난 행위일 뿐이기 때문이다.

달리 표현하면, 국경 수비를 하면서 상대국 민간인 1명을 적군으로 오인하여 총을 쏴 사살한 군대의 불법은 주권행위의 범주에 들어갈 수 있겠지만, 그 군대가 상대국의 한 부족을 절멸시킬 의도로 국경을 넘어 이를 실제로 결행했다면 주권행위의 범위를 벗어난 것으로 보아야 한다는 취지이다. 도저히 국가가 할 짓으로 인정할 수 없기 때문이다.

이와 관련, 중요한 국제법의 흐름이 있다. 강행규범을 위반한 개인의 형사 책임과 관련하여, 국가의 지시나 공직 수행 과정에서 이루어진 경우에도 "강행규범 위반 행위는 국가의 기능을 벗어난 것으로서 주권행위나 공적 행위(official act)로 볼 수 없는 범죄행위일 뿐이므로, 물적 면제의 대상이 될 수 없다"고 보고 있는 흐름이다.

여기서 '물적 면제'는 "공적 행위를 한 개인에게 부여되는 다른 나라 법원에서의 재판권 면제"를 의미한다. 예를 들어 우리나라 사람 A가 다른 나라에서 공무 수행 중 과실로 교통사고를 일으켰다면 다른 국가 법원에서 A를 재판할 수 없다는 것을 뜻한다.

이러한 물적 면제가 강행규범 위반의 경우에는 인정되지 않는다는 뜻은, 위 사례에서 A가 우리나라 정부의 지시를 받고 다

ICJ Judgment (2012), para. 60.

른 국가에서 고문이나 인도에 반하는 죄를 저질렀을 경우 그 다른 국가 법원에서도 A를 재판할 수 있다는 취지이다.

국가의 강행규범 위반이 결국 그 기관들인 개인에 의하여 이루어진다는 특성에 비추어 볼 때, 최소한 주권행위 여부 판단에 있어서만큼은 국가면제와 물적 면제에 차이를 두어서는 안 되지 않을까?

예를 들어, 위 두 번째 사례에서 A는 국가 기능을 벗어난 행위를 했다고 보면서 정작 우리나라는 주권행위를 했다고 보는 것은 모순으로 보아야 하지 않을까? 또 예를 든다면, B국의 장군 C가 다른 국가에서 제노사이드 범죄를 저지른 경우 C는 국가 기능을 벗어난 행위를 하였다는 이유로 다른 국가 법원에서도 피고인이 되는데, B국은 여전히 주권행위를 하였다는 이유로 다른 국가 법원에서는 피고가 될 수 없다는 것은 상식과 이치에 어긋나지 않는가?

요컨대, 개인의 형사 책임과 관련한 위와 같은 물적 면제 부인의 흐름은 다수의견이 주권행위를 바라보는 방식과 정면으로 충돌하는 내용으로서, 무엇보다도 국가면제 판결이 나온 후 본격적으로 나오고 있는 흐름이라는 점에서 다수의견 판단의 오류와 변경 필요성을 강력히 시사한다.

제3절 일본의 국가면제 주장에 대한 대응논리

지금까지 국가면제 판결 다수의견에 대한 다각도의 분석을 통해 인권 강행규범 위반 사안에서는 국가면제가 인정될 수 없음을 밝혔다.

위와 같은 분석과 논리는 일본의 "위안부 소송에서는 국가면제가 인정되어야 한다"는 주장에 대한 우리나라의 설득력 있는 대응논리가 될 수 있다는 게 필자의 생각이다. 즉, 현재 일본의 국가면제와 관련한 주장이 사실상 국가면제 판결 다수의견을 그대로 복사한 것임을 확인할 수 있는 점에서 그대로 적용할 수 있는 대응논리가 될 것이다.

앞서 관련 내용들을 상세히 전개하고 설명한 바 있으므로, 여기에서는 이를 종합하고 요약하는 차원에서 아래와 같이 정리하였다.

1. 충돌의 관점

위안부청구권은 노예 금지와 인도에 반하는 죄 금지 강행규범의 위반에 따른 회복청구권으로서, 두 인권 강행규범의 효력 및 필요적 결과의 핵심에 해당한다.

나아가 위안부청구권의 구체적 내용은, 두 강행규범의 유일한 권리 주체인 위안부 피해자들이 국내재판 절차를 포함하여 자신들의 청구권을 자유롭게 행사하는 것을 핵심으로 한다. 한편 국가면제 법리의 효력 및 필요적 결과에 따르면, 우리나라 법원에서는 일본 정부를 피고로 재판할 수 없다는 결론을 얻는다.

위와 같은 각 효력 및 필요적 결과에 의하면, 두 강행규범의 효력 및 필요적 결과의 핵심인 '위안부청구권의 재판상 행사가 국내재판 절차에서도 자유롭게 이루어지는 것'과 국가면제 법리의 효력 및 필요적 결과의 핵심인 '위안부 피해자들이 일본 정부를 상대로는 우리나라 법원에서 재판을 진행할 수 없는 것'이 서로 양립할 수 없음을 알 수 있다. 바로 충돌이 발생하는 것이다.

ILC가 명백히 밝히고 있듯이, 이러한 충돌 상황에서는 강행규범의 규범 우월성에 따라 국가면제는 그 한도 내에서 법 규범성을 부여받을 수 없다. 바꾸어 표현하면, 일본의 국가면제 권리나 우리나라 법원의 국가면제 존중 의무는 위안부청구권의 재판상 행사와 관련하여서는 인정될 수 없다는 결론을 얻는다.

이를 보다 일반적·실무적 관점에서 표현하면 다음과 같다. 모든 국내법원은 외국을 피고로 한 재판에서 국가면제 적용 여부를 판단하기 위하여 실체 심리를 통해 해당 원고들과 외국 사이에 어떤 일이 벌어졌는지 우선적으로 파악할 필요성과 의무가 있다. 나아가 그러한 심리 결과 해당 원고들이 주장하는 청구권이 위안부청구권과 같이 인권 강행규범 청구권이라는 결론을 얻게 될 경우, 위 충돌 법리에 따라 가해국의 국가면제를 인정하지 않고 재판을 진행할 의무가 있다.

이와 관련하여 국가면제 판결의 다수의견은 국가면제가 사실 확정 전 문제라는 입장을 취하였으나, 이는 현재의 주류적 경향인 제한적 국가면제 아래 주권행위 판단에는 사실 확정이 선행될 필요가 있다는 점을 고려할 때 받아들일 수 없다. 앞서 소개한 바와 같이 Mohamed Bennouna 재판관의 표현을 빌리자면 "기계적 관점에서의 접근이고, 실제 실무를 고려하지 아니한 환상에 불과하다."

2. 주권행위가 아니라는 관점

일본의 위안부 동원 행위는 국가가 도저히 할 수 없는, 즉 국가의 기능을 벗어난 행위로서 주권행위가 될 수 없기에 국가면제의 적용 대상이 아니라는 접근이 가능하다.

무엇보다도, 공직 수행 과정에서 강행규범 위반 범죄를 저지른 개인에 대하여 국가 기능의 행사나 주권행위가 아니라고 보아 물적 면제의 적용 대상에서 제외하고 있는 현 국제법의 흐름은 위와 같은 논리의 타당성을 뒷받침한다.

3. 관습국제법 부존재 관련

일본은 국가면제 판결 다수의견과 같이 "강행규범 위반의 경우 국가면제를 부인하는 관습국제법은 아직까지 없다"고 주장할 수 있을 것이나, 이에 대해서는 ILC의 태도 등을 토대로 효과적으로 반박할 수 있다.

다시 한 번 정리한다면, 강행규범 위반의 경우 국가면제를 부인하는 관습국제법이 설령 없다고 하여 그 이유만으로 국가면제를 인정할 논거가 되어서는 안 된다고 봄이 타당하다. 즉, 어디까지나 두 규범 사이에 충돌이 있는지 여부에 관한 해석 문제로서 다루어져야 하고, 그것으로 충분하다.

그 연장선에서 위안부 사안과 같이 충돌이 인정된다면, 설령 다수의견이 언급한 '그러한 관습국제법이 없다'는 판단을 존중하더라도, 국가면제는 여전히 부인됨이 타당하다. 요컨대, 충돌과 관련한 해석의 문제이지 관습국제법 여부를 따질 영역이 아니라는 대응논리를 펼 수 있을 것이다.

제6장

마치면서

제6장
마치면서

　지금까지 강행규범을 소개하고, 강행규범의 관점에서 일괄타결협정, 국가면제 법리를 다루었으며, 이를 통해 강제징용·위안부 문제에 대한 국제법상 대응논리를 제시하였다.

　위와 같은 이 책의 논지는, "청구권협정은 부제소 합의 유형의 일괄타결협정으로서 모든 청구권 문제는 청구권협정으로 인해 재판상 주장할 수 없게 되었고, 위안부 문제와 관련하여서는 위안부합의를 통해 다시 한 번 일괄타결로 해결되었으며, 위안부 소송에서는 일본의 국가면제가 인정되어야 한다"는 일본의 현재 주장에 대하여 우리가 국제법상 취할 수 있는 설득력 있는 반박 입장이 될 수 있을 것으로 기대한다.

　끝으로 이 책을 집필한 이유와도 연결되지만, 우리는 이 시점에서 강제징용·위안부 문제에 관한 외교적 해결이 쉽지 않다는 것을 진지하게 고려할 때가 되지 않았나 싶다.

　가장 현실적인 이유는, 이미 강제징용과 관련하여 우리나라 최고 법원의 판결이 나와 그에 관한 여러 원고들의 강제집행 절차까지 진행 중인 상황이고, 위안부 판결들 중 1월 판결은 현재 승소가 확정되었기 때문이다.

　이런 상황에서 외교적 해결을 한다는 의미는 관련 원고들이 현재 진행 중인 모든 소송 절차를 스스로 포기하여야 하고, 앞으로 다른 어떤 피해자들도 유사한 청구를 하지 못하게 막는 것을 전제로 하는바, 그것은 삼권분립, 개인의 선택 자유, 재판청구권을 보장하는 우리나라에서는 사실상 실현되기 어려운 모습으로 보인다. 특히 시시각각 종결을 향해 치닫고 있는 강제집행 절차를 정지시킬 어떠한 명분이나 근거도 만들어지기 어려운 상황이다.

더 본질적인 이유는, 강제징용, 위안부 문제는 우리의 어두운 역사를 대상으로 하고, 우리의 정체성과 직결된다는 점이다. 즉, 우리가 당시 일본에 동조하여 자발적으로 몸 바쳐 일한 내선일체 일본인들이었는지, 아니면 노예·인도에 반하는 죄의 피해자들이었는지에 관한 문제이기에, 강제징용·위안부 사안의 성격에 관해서는 그 어떤 것도 양보할 수 없고, 양보해서도 안 된다는 것이다. 우리가 일본으로부터 '완전한 책임 인정과 사과'를 받지 않는 한 외교적 해결의 명분이 만들어질 수 없는 이유인바, 일본의 그러한 사과와 인정을 기대하는 것도 쉽지 않아 보인다.

국내재판에 대입하면 외교적 해결은 조정 등 판결 외의 방법에, 사법적 해결은 판결에 각 비유할 수 있을 것이다. 재판을 하다 보면 때로는 판결이 유일한 해결책인 경우가 있다. 이 지점에서, 이 책의 역할을 기대해본다.

▌저자 소개

신 우 정

학력

서울대학교 법대 학사, 석사, 박사 졸업(국제법 박사)

조지타운 대학교 로스쿨 방문과정

경력

1997년 사법고시 합격

2000년 군법무관

2003년 판사 임관

− UN 구 유고 국제형사재판소(ICTY) 파견 근무(2012. 8.~2013. 8.)

− 대법원 재판연구관(부장판사)

− 현 전주지방법원 군산지원장(2022. 2.~)

일본에 답하다
- 강제징용, 위안부 문제를 바라보는 새로운 시각

초판발행	2022년 6월 10일
지은이	신우정
펴낸이	안종만 · 안상준
편 집	장유나
기획/마케팅	김한유
표지디자인	이영경
제 작	고철민 · 조영환
펴낸곳	(주)박영사
	서울특별시 금천구 가산디지털2로 53, 210호(가산동, 한라시그마밸리)
	등록 1959. 3. 11. 제300-1959-1호(倫)
전 화	02)733-6771
f a x	02)736-4818
e-mail	pys@pybook.co.kr
homepage	www.pybook.co.kr
ISBN	979-11-303-4207-8 93360

* 파본은 구입하신 곳에서 교환해 드립니다. 본서의 무단복제행위를 금합니다.
* 저자와 협의하여 인지첩부를 생략합니다.

정 가   15,000원